111 MAL WISSEN

Weltreligionen

Christa Pöppelmann

compact via

compact via ist ein Imprint der Compact Verlag GmbH

Text: Christa Pöppelmann
Redaktion: Tanja Greiner
Produktion: Wolfram Friedrich
Abbildungen: siehe Bildnachweis Seite 128
Titelabbildung: dpa Picture-Alliance, Frankfurt
Gestaltung: h3a GmbH, München
Umschlaggestaltung: h3a GmbH, München

ISBN 978-3-8174-8075-3
5480751

www.compact-via.de

INHALT

Der Islam

Der Hinduismus

Der Buddhismus

Andere religiöse Bewegungen und Weltanschauungen

Religion

Die Bedeutung der Religionen nimmt ab. Doch noch immer glauben viele Menschen, dass ihr Leben auch von übernatürlichen Kräften bestimmt ist.

BEDEUTUNG	Lat. religio = „Rückbindung“ an ein höheres Wesen
WANN?	Ab etwa 120.000 v. Chr.
WIE VIELE?	Ca. 5,8 Mrd. Menschen

Für den Theologen **Friedrich Schleiermacher** (1768–1834) stellte das **Bewusstsein der Unendlichkeit** den Kern des religiösen Gefühles dar. Er war überzeugt, dass jeder Mensch ein solches Empfinden besitzt. Denn auch Atheisten können nur zu der Überzeugung gelangen, dass es keine unsichtbaren, spirituellen Kräfte gibt, wenn sie sich mit der Vorstellung der Unendlichkeit und der Frage auseinandersetzen, was es (eventuell) jenseits des endlichen, menschlichen Lebens geben könnte. Die Historiker sehen **Bestattungsriten und Grabbeigaben** als den Beginn eines religiösen Gefühles in der Menschheitsentwicklung. In den meisten Religionen herrscht die Vorstellung, dass es ein oder mehrere **Personen** (Götter) gibt, die über diese jenseitige, transzendentale Wirklichkeit bestimmen. Andere Glaubensrichtungen jedoch gehen von nicht personalen **göttlichen Kräften** aus.

Wer bestimmt das Leben?

AUSWIRKUNGEN

Die Vorstellung, dass es Götter oder göttliche Kräfte gibt, in deren Hand es liegt, was für ein Leben einer Person nach ihrem Tod vergönnt ist, bestimmte das menschliche Handeln in der ganzen Geschichte massiv. Im Hinblick auf das Göttliche werden – im Positiven wie im Negativen – **Entscheidungen** getroffen und ausgeführt, die aus rein irdischer Perspektive keinen Sinn ergeben. Auch wenn der Einfluss der Religionen in der Moderne rückläufig ist, stellen religiöse Überzeugungen für einen Großteil der Menschen noch immer eine **starke Triebfeder** ihres Handelns dar. Aus der Kluft zwischen der weitgehend säkularen westlichen Weltanschauung und fundamentalistischen religiösen Strömungen ist ein neuer, **brisanter Konfliktherd** entstanden.

2 WELTANSCHAUUNG

Religionen sind auch Weltanschauungen. Doch nicht jede Weltanschauung ist eine Religion.

DEFINITION	Alle grundlegenden Vorstellungen und Ansichten über das Leben und die Umstände, die es bestimmen
WICHTIGSTE ARELIGIÖSE WELTANSCHAUUNG	Humanismus
WEITERE WELTANSCHAUUNGEN	Esoterik, Nihilismus, Fatalismus, Sozialdarwinismus, Pessimismus, Skeptizismus

Welchen Sinn hat das menschliche Leben? Wie sollte man sein Leben gestalten? Welche Kräfte beeinflussen das Leben der Menschen? Aus den Antworten auf diese Fragen setzt sich eine **persönliche Weltanschauung** zusammen. Damit ist jede Religion auch Weltanschauung. Doch auch Menschen, die nicht an göttliche Kräfte glauben, haben ihre persönliche Vorstellung von der Welt. **Humanisten** etwa sind davon überzeugt, dass alle Menschen gleichberechtigt sind und ihr Wohlergehen der höchste gesellschaftliche Wert ist. **Nihilisten** dagegen glauben nicht daran, dass das Leben überhaupt einen Sinn ergibt. **Sozialdarwinisten** leugnen ethische Werte und halten es für gerechtfertigt, dass sich der Stärkere durchsetzt. **Esoteriker** sind überzeugt, dass es übernatürliche Gesetzmäßigkeiten gibt, die der Mensch erkennen und für sich nutzbar machen kann.

AUSWIRKUNGEN

Letztendlich aber können gewisse **Grundhaltungen** Menschen über definierte Gruppen hinaus verbinden oder innerhalb einer Gruppe trennen. Ein humanistisch gesinnter Moslem oder Christ kann sich einem areligiösen Humanisten näher fühlen als dem Glaubensgenossen, der religiöse Pflichten über Menschlichkeit stellt. Ebenso finden sich **Chauvinisten**, die überzeugt sind, Menschen anderen Geschlechts, anderer Herkunft oder anderer Weltanschauung von Natur aus überlegen zu sein, sowohl unter religiösen wie nicht religiösen Menschen.

Naturreligionen

3

In den ältesten bekannten Religionen vermuteten die Menschen göttliche Kräfte vor allem hinter unerklärbaren Naturphänomenen. Teilweise haben sich diese Naturreligionen bis heute gehalten.

WANN?	Ab etwa 12.000 v. Chr.
WO?	Früher in allen Kulturen, heute vor allem bei sog. indigenen Völkern
WIE VIELE?	Ca. 800 Mio. Menschen

Die Gottesvorstellungen in den **Naturreligionen** sind durchaus unterschiedlich. Teilweise glaubte man an verschiedene Gottheiten, die die unterschiedlichen Teile der Natur regierten, etwa an einen **Himmelsgott**, der für Blitz und Donner zuständig war, einen **Meeresgott**, einen **Feuergott** usw. In vielen Ackerbaukulturen spielte eine Mutter- oder **Erdgöttin** eine zentrale Rolle. In Jägergesellschaften dagegen gab es die Vorstellung, dass ein Mensch oder Clan unter dem Schutz eines Geistes stand, der oft in Tierform auftrat (Totemtier). Als **animistisch** bezeichnet man Religionen, in denen die Vorstellung herrscht, dass die gesamte Natur von **göttlichem Geist** belebt ist. Das Göttliche manifestiert sich in dieser Vorstellung in Steinen, Tieren, Bäumen oder Quellen. In vielen Naturreligionen sind auch die **verstorbenen Ahnen** besonders wichtig, die z.B. als Geister die Natur beleben. Oft ist der Ahnherr auch das Totemtier seines Clans, das dem Volk seine Kultur verliehen hat. Religiöse Riten haben meist den Zweck, Götter und göttliche Kräfte entweder zu besänftigen oder ihre Hilfe zu erlangen.

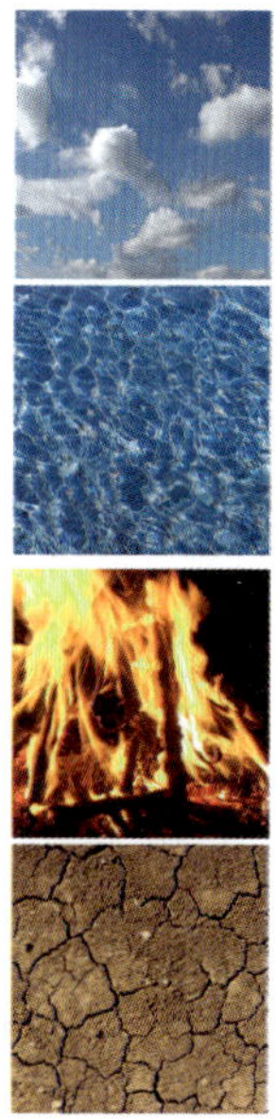

Die vier Elemente

AUSWIRKUNGEN

Die Naturreligionen bildeten die **Wurzeln** aller späteren Religionen. Dabei ist der ursprüngliche Bezug zur Natur zwar oft verloren gegangen. In der Moderne aber trugen die noch existierenden Naturreligionen, etwa die der nordamerikanischen **Indianer**, dazu bei, die **Achtung vor der Natur** auch in anderen Religionen oder unter nicht religiösen Menschen wiederzuentdecken.

4 Ursprungsmythen

Wie wurde die Welt erschaffen? Diese Frage fasziniert die Menschen seit jeher. Fast jede Religion versucht, darauf eine Antwort zu finden und zu geben.

WAS?	Die Erschaffung der Welt, des Menschen, die Gründung des eigenen Clans, die Entstehung von Bräuchen oder Gesetzen u.a.
WANN?	Mit dem Entstehen komplexer Sozialstrukturen
WARUM?	Bekräftigung der Zusammengehörigkeit, Erklärung und Bestärkung des Bestehenden

Der Anfang der Welt überfordert die Vorstellungskraft der Menschen noch heute. Zwar hat sich die Wissenschaft bis zum **Urknall** zurückgetastet. Aber wie entstand die Materie, die dabei explodiert ist? Wann? Was war vorher? Die Religionen beantworten diese Frage seit jeher damit, dass eine **göttliche Kraft** existiert, die allein ohne Anfang und Ende ist und Dinge aus sich selbst heraus entstehen lassen kann. In der christlich-jüdischen Schöpfungsgeschichte steht am Anfang das **Chaos**, das Gott kraft seines Wortes ordnet. In anderen Mythen formen die Götter die Welt mit ihren eigenen Händen, oder ein Paar – meist Himmelsgott und Erdgöttin – erzeugt alles Sein. Bei Christen und Juden ist der **Mensch** die Krone der Schöpfung. In anderen Mythen dagegen sind die Menschen oft nur eine Randerscheinung.

Der Ursprung des Lebens

AUSWIRKUNGEN

In der biblischen **Schöpfungsgeschichte** wird Eva aus Adams Rippe geformt. Dies wurde im christlichen Kulturkreis jahrhundertelang herangezogen, um die Unterordnung der Frau unter den Mann zu begründen. Auch in anderen Religionen enthalten gerade die Schöpfungsmythen **gesellschaftliche Wertvorstellungen**. Dies trug einerseits dazu bei, eine **gemeinsame Identität** zu festigen, andererseits wurden bestimmte Realitäten so als „gottgegeben“ dargestellt und teilweise bis heute zementiert.

Offenbarungen

5

Die Sphäre des Göttlichen ist die Transzendenz – das, was jenseits menschlicher Erfahrungsmöglichkeiten liegt. Ein Kontakt mit dieser Sphäre ist deshalb nur durch göttliche Offenbarungen möglich.

DEFINITION	Alles, was von Menschen als göttliche Botschaft verstanden wird
WANN?	Bei Neubildung einer Religionsgemeinschaft oder z.B. durch Befragung eines Orakels
FOLGE	Bildung von Religionsgemeinschaften

Was sind göttliche Offenbarungen?

Religionskritiker äußern, dass alle Vorstellungen, die sich Menschen von Gott machen, nur eine **Projektion** ihrer Ängste und Wünsche seien. Die Gläubigen dagegen sind davon überzeugt, dass es auf einer metaphysischen Ebene tatsächlich möglich sei, mit dem Göttlichen in **Kontakt** zu treten und so **religiöse Wahrheiten** zu erfahren. In der Frühzeit wurden vor allem unerklärbare **Naturphänomene** als göttliches Wirken verstanden und bis heute spielen für viele Gläubige **Wunder** eine große Rolle. Als **Propheten** werden Menschen bezeichnet, von denen ihre Anhänger glauben, dass Gott sie auserwählte, seine Botschaft zu verkünden.

In anderen Religionen dagegen geht man davon aus, dass **spirituell begabte Menschen** (Schamanen) über erlernbare Techniken mit Gott kommunizieren können. Und nicht nur das Christentum glaubt, dass Gott persönlich **als Mensch** auf der Erde erschienen ist und sich offenbarte. So soll z.B. auch der hinduistische Gott Vishnu mehrmals in verschiedenen Gestalten auf der Erde gelebt haben.

AUSWIRKUNGEN

Würde jeder Mensch allein über das Göttliche nachdenken, gäbe es ebenso viele Weltanschauungen wie Menschen. Erst dadurch, dass eine Gruppe von Menschen gemeinsam an eine bestimmte göttliche Offenbarung glaubt, entstehen Religionen.

6 Die Mythologie Mesopotamiens

Im Land zwischen Euphrat und Tigris entstanden die ersten Hochkulturen der Welt. Mit der Kultur änderte sich auch die Religion.

WO?	Sumer und im ganzen Nahen Osten
WANN?	Ca. 3400–550 v. Chr.
BEDEUTUNG	Erste Mythologie einer Hochkultur, Einfluss bis in die griechische und römische Antike

Die Sumerer glaubten, dass alle Götter Kinder des Himmelsgottes und der Erdgöttin seien, die wiederum von **Nammu**, dem Urmeer, hervorgebracht wurden. Als um 3400 v. Chr. im Süden des heutigen Irak die sumerischen Stadtstaaten entstanden, wählte sich jede Stadt einen eigenen **Schutzgott**. Mit der Zeit verloren die Städte ihre Unabhängigkeit und zu Beginn des 2. Jahrtausends v. Chr. entstand das **Babylonische Reich**. Daraufhin entwickelte sich eine andere **Schöpfungsgeschichte**: Das Götterpaar Apsu und Tiamat will seine eigenen Kinder töten. Doch ihr Enkel, Marduk, der Stadtgott von Babylon, besiegt sie und formt aus dem Leichnam Tiamats Himmel und Erde. Die politischen Umwälzungen schlugen sich also in der Mythologie nieder.

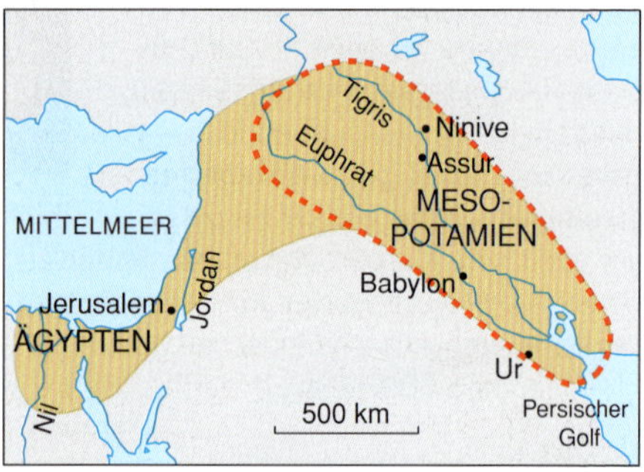

Mesopotamien

AUSWIRKUNGEN

Unter **Nebukadnezar II.** (ca. 640–562 v. Chr.) umfasste das Babylonische Reich den gesamten Nahen Osten. Die unterworfenen Stämme und Städte durften ihre Gottheiten weiter verehren, doch mit der Zeit kam es vielfach zu einer **Gleichsetzung lokaler Gottheiten** mit den babylonischen Göttern bzw. zur Übernahme babylonischer Kulte. Diese Auswirkungen reichten bis in die **griechische und römische Kultur**, obwohl beide Regionen nie unter babylonischer Herrschaft standen. So findet sich z.B. ein babylonischer Fruchtbarkeitskult rund um Ischtar in der griechischen Sage von Aphrodite und Adonis wieder.

Die griechische Mythologie

7

An Zeus und Hera glaubt schon lange niemand mehr. Trotzdem blieben die alten griechischen Götter in der Kultur des Abendlandes ungeheuer populär.

WANN?	Ab dem 8. Jh. v. Chr.
WERKE	*Illias* von Homer und *Theogenie* (Göttergeburt) von Hesiod
DIE 12 OLYMPISCHEN GÖTTER	Zeus, Poseidon, Hera, Demeter, Apollon, Artemis, Athene, Ares, Aphrodite, Hermes, Hephaistos, Hestia

Wie in der babylonischen Mythologie findet man auch in der griechischen verschiedene Geschichten, die von politischen Umwälzungen erzählen. Die **zwölf olympischen Götter** werden erstmals in den Werken Homers als die wichtigsten genannt. Wissenschaftler fanden heraus, dass sie **verschiedener Herkunft** sind. Zeus z.B. muss mit den indoeuropäischen Einwanderern ca. ab 1200 v. Chr. ins Land gekommen sein, während seine Tochter Aphrodite Ähnlichkeiten mit der babylonischen Ischtar aufweist. Im 8. Jahrhundert v. Chr. fand eine **kulturelle Einigung Griechenlands** statt, was auch dazu führte, dass aus den Göttern der verschiedenen Einwanderergruppen „eine Familie" wurde und eine **gemeinsame religiöse Vorstellung** entstand.

AUSWIRKUNGEN

Als Wiege der **abendländischen Kultur** schuf das antike Griechenland auch unvergleichliche Statuen, Theaterstücke und Erzählungen über seine Götter, die von den Römern importiert und wiederum künstlerisch bearbeitet wurden. Mit jedem **Meisterwerk** aber wurden die griechischen Götter für die Künstler späterer Generationen noch attraktiver. Doch man darf davon ausgehen, dass schon Ovid (43 v. Chr.–17 n. Chr.), der den Göttern in seinen *Metamorphosen* allerlei Skandale andichtete, diese nicht mehr als religiöse Autoritäten betrachtete.

Göttervater Zeus

8 Monotheismus

Die meisten alten Religionen gingen von einem bunten Götterhimmel aus. Später setzte sich aber mehr und mehr die Vorstellung von nur einem Gott durch.

DEFINITION	Glaube an einen einzigen Gott
WANN?	Atonkult des Echnaton (14. Jh. v. Chr.) oder Religionsgründung des Zarathustra (zw. 1800 und 600 v. Chr.)
GEGENSATZ	Polytheismus – der Glaube an viele Götter

Historisch gesehen beginnt der Monotheismus in der Regel mit der **Monolatrie**, der Verehrung eines einzigen Gottes, ohne die Existenz anderer Götter zu verneinen. **Pharao Echnaton** z.B. verbot nach und nach die Verehrung aller Götter außer Aton. Ob er wirklich glaubte, dass es die anderen Götter nicht gab oder ob er sie einfach nur ablehnte, weiß man nicht. Auch die Juden glaubten zunächst, dass ihr Gott Jahwe ein „eifersüchtiger Gott" sei, der die Verehrung anderer Götter nicht dulde. Erst mit der Zeit entstand daraus die Vorstellung, dass es andere Götter gar nicht gebe.

Echnaton

Schaut man jedoch genauer hin, dann ist die Unterscheidung zwischen Monotheismus und **Polytheismus** nicht so einfach. Zwar gibt es in vielen alten Religionen einen schier unübersehbaren Götterhimmel. Doch auch hier findet sich oft ein **oberster Schöpfergott**, der die anderen Götter erst erschuf. Viele Naturreligionen verehren einen **„Großen Geist"**, der über eine Vielzahl untergeordneter Geister regiert. Auch im Hinduismus werden die vielen verschiedenen Götter als Ausdrucksformen eines **göttlichen Ganzen** begriffen. Dagegen ist für manche strenggläubige Moslems die **christliche Vorstellung** von Gottvater, Sohn und Heiligem Geist schon eine Form von Polytheismus. Andererseits gibt es auch im Islam den Glauben an **Engel**, die sich im Grunde nicht so sehr von manchen Geistwesen oder „dienenden Göttern" anderer Religionen unterscheiden.

AUSWIRKUNGEN

Nicht alle, aber viele der alten polytheistischen Religionen waren sehr **tolerant**. Es gab keine „falschen" Götter, sondern nur mächtigere oder schwächere – je nachdem, ob ihre Anhänger das Gefühl hatten, ausreichende Erhörung auf ihre Gebete zu finden. Die Monolatrie und in der Folge der Monotheismus machten dem ein Ende. Denn ihre Anhänger waren nicht nur überzeugt, dass es lediglich ein göttliches Wesen, sondern auch nur eine richtige Art der Verehrung gebe. Dies führte nicht nur zu **heftigen Auseinandersetzungen** zwischen den Religionen, sondern auch zur scharfen **Bekämpfung Andersdenkender** innerhalb der eigenen. Trotzdem sind heute die meisten Religionen monotheistisch. Allerdings sind für aufgeklärte Gläubige Monotheismus und Toleranz nicht unvereinbar. Sie sehen die andere Religion nicht mehr als Glauben an einen „falschen Gott", sondern gehen grundsätzlich von einem Gott aus, der von anderen Religionen (ob nun poly- oder monotheistisch) auf andere Weise verehrt wird.

Gut und Böse

Dualismus

Zwischen Mono- und Polytheismus steht der Dualismus. Der Dualismus geht davon aus, dass sich mit Gott und Teufel zwei oberste Wesen – ein gutes und ein böses – gegenüberstehen. Der Mensch muss sich zwischen beiden entscheiden. Ein solcher Dualismus entstand immer wieder innerhalb monotheistischer Religionen, weil man Gott nicht für das Böse verantwortlich machen wollte. Andererseits wurden solche dualistischen Bestrebungen (innerhalb der christlichen Kirche z.B. Bogumilen oder Katharer) von der offiziellen Kirche verurteilt, da sie die Allmacht Gottes infrage stellen, indem sie ihm die Macht über das Böse absprechen.

9 WELTRELIGIONEN

Was macht eine Religion eigentlich zu einer Weltreligion? Das ist durchaus umstritten.

DIE KLASSISCHEN WELTRELIGIONEN	Christentum, Islam, Hinduismus, Buddhismus, Judentum
KRITERIEN	Hohe Zahl der Anhänger, überregionale, weltweite Verbreitung, universeller Anspruch
WEITERE KANDIDATEN	Taoismus, Konfuzianismus, Bahai u.a.

Islam

Hinduismus

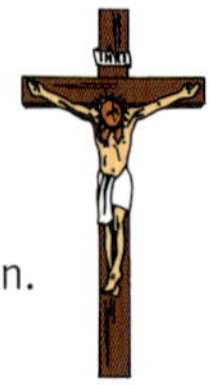

Christentum

Keinen Zweifel gibt es daran, dass das **Christentum** und der **Islam** Weltreligionen sind. Ihre Anhängerschaft ist groß (zusammen ziemlich genau die **Hälfte der Weltbevölkerung**) und beide sind in einem Großteil der Länder der Welt vertreten. Die drittgrößte Religion ist der **Hinduismus**. Seine Anhänger allerdings leben weitgehend in Indien. Außerdem ist die Vorstellung noch stark verbreitet, **Hindu durch Geburt** und nicht durch Überzeugung zu sein, sodass es kaum Bekehrungen gibt.

Buddhismus

Judentum

Der **Buddhismus** ist zwar kleiner, aber **weiter verbreitet** und auch offener für Konvertiten. Allerdings wird immer wieder das Argument angeführt, er wäre eigentlich keine Religion, da in seiner Lehre kein Gott vorkommt. Das **Judentum** schließlich ist sehr viel kleiner als die anderen Weltreligionen, zwar über die Welt verbreitet, aber auch von der Vorstellung bestimmt, dass man Jude vor allem **durch Geburt** ist. Andererseits stellt es die Wurzel für Islam und Christentum dar, wodurch es eine immense religionsgeschichtliche Bedeutung erlangt.

AUSWIRKUNGEN

Auch wenn der Status einer Weltreligion **nicht offiziell** ist, geraten neben den „großen Fünf" andere Religionen leicht ins Schattendasein. Andererseits sind alle anderen Religionen entweder wesentlich kleiner (z.B. Bahai), regional verhaftet (z.B. Shintoismus und Sikhismus) oder sehr offene Systeme ohne festgeschriebene Lehre (z.B. Taoismus und Konfuzianismus).

Grundlagen der jüdischen Theologie

10

Das Judentum ist die kleinste der fünf Weltreligionen. Doch durch seinen strengen Monotheismus revolutionierte es die traditionellen Gottesvorstellungen.

WANN?	Seit dem 13. Jh. v. Chr.
WO?	Kanaan (heute Israel und Palästina)
WIE VIELE?	Ca. 13,5–15 Mio. Menschen

Nach der jüdischen Vorstellung schloss Gott einen **Bund** mit dem Volk Israel; zunächst mit Noah, dann mit Abraham, seinen Nachkommen und schließlich mit **Moses**. Gott versprach, das Volk zu schützen. Dafür musste es ihm und seinen Geboten die **Treue** halten. Der Gott der Israeliten bezeichnet sich im *Alten Testament* als eifersüchtigen Gott, der keine anderen Götter neben sich dulde. Historiker gehen davon aus, dass die Israeliten zunächst zwar an andere Götter glaubten, jedoch meinten, es sei ihnen nicht gestattet, einen anderen als den **Schutzgott** ihres Volkes zu verehren.

Gott schloss einen Bund mit dem Volk Israel.

Die Auffassung, dass es wirklich nur einen Gott gibt – nämlich den eigenen – setzte sich vermutlich erst im **6. Jahrhundert v. Chr.** durch. Als Jude gilt jeder, der eine jüdische Mutter hat, also von dem Volk abstammt, mit dem Gott den Bund schloss. Übertritte zum Judentum werden zwar akzeptiert, jedoch wird **keine Missionierung** unter Andersgläubigen betrieben.

AUSWIRKUNGEN

Das **Verbot**, andere Götter anzubeten, brachte die Juden in **Konflikt** mit den **Römern**, die ab 66 v. Chr. ihr Land besetzt hielten. Diese tolerierten andere Religionen, forderten im Gegenzug aber die **Akzeptanz ihres Staatskultes**. Doch obwohl für die Juden damit eine 2000-jährige Geschichte des **Exils** und der **Verfolgung** begann, setzten sich ihre monotheistischen Vorstellungen in fast allen später entstandenen Religionen durch.

11 Moses und die Gebote

Das mosaische Gesetz ist neben dem Monotheismus der Kern der jüdischen Religion. Und es umfasst viel mehr als die bekannten Zehn Gebote.

WANN?	Ca. 13. oder 12. Jh. v. Chr.
WO?	Berg Sinai
WIE VIELE?	Traditionell 613 Mitzwot (Gebote), auch andere Zählweise möglich

Die Bibel erzählt, dass Moses das Volk Israel aus der **Sklaverei** in Ägypten hinausführt. Während der 40-jährigen Wanderung über den Berg Sinai erneuert Gott den Bund mit seinem **auserwählten Volk**, verspricht ihm das Land Kanaan (heute Israel und Palästina) als Heimstätte und gibt ihm durch Moses eine Vielzahl von **Anweisungen**. Einen solchen Auszug israelischer Stämme aus Ägypten könnte es tatsächlich gegeben haben. Auf jeden Fall wanderten etwa ab **1250 v. Chr.** die nomadisch lebenden Israeliten nach Kanaan ein, besiegten schrittweise die kanaanitischen Stadtstaaten und wurden sesshaft.

DIE ZEHN GEBOTE

Nach jüdischer Zählung:

1. Ich bin der Herr, dein Gott.
2. Du sollst keine fremden Götter neben mir haben und dir kein Bildnis machen.
3. Du sollst den Namen deines Gottes nicht missbrauchen.
4. Du sollst den Sabbat heiligen.
5. Du sollst Vater und Mutter ehren.
6. Du sollst nicht morden.
7. Du sollst nicht ehebrechen.
8. Du sollst nicht stehlen.
9. Du sollst kein falsches Zeugnis geben.
10. Du sollst nicht begehren deines Nächsten Weib, sein Haus und all sein Gut.

Die Zehn Gebote

Die meisten christlichen Konfessionen fassen die ersten beiden Gebote zusammen und teilen dafür das zehnte auf.

Moses erhielt die Zehn Gebote von Gott auf dem Berg Sinai.

Bei der Herausbildung einer gemeinsamen **Identität** spielten der Glaube an einen gemeinsamen Gott und die Befolgung der gleichen göttlichen Gebote eine zentrale Rolle. Die in der *Thora* aufgeführten Gebote enthalten nämlich nicht nur zentrale, ethische Grundsätze wie die **Zehn Gebote**. Daneben gibt es **detaillierte Vorschriften**, wie Gott verehrt werden soll, welche Feste zu feiern sind, wie das soziale Leben am besten geregelt wird, welche Dinge strafwürdig sind, wie Verbrechen zu ahnden sind, welche Regeln bei Geschäften zu beachten sind, wann Schadensersatz geleistet werden muss oder wie Arme, Leprakranke, Fremde oder Sklaven behandelt werden sollen. Dazu kommen **Speise- und Bekleidungsvorschriften** und umfangreiche Anweisungen, welche Heiraten und sexuelle Beziehungen erlaubt bzw. verboten sind.

AUSWIRKUNGEN

Das mosaische Gesetz regelt nahezu alle Bereiche im Leben der Israeliten. Das hatte ein hohes Maß an **Gemeinsamkeit** zwischen den israelischen Stämmen zur Folge, aber auch eine **scharfe Abgrenzung** von allen anderen außerhalb der Gemeinschaft. Dabei wirkten gerade auch Äußerlichkeiten wie die Beschneidung der Männer oder Speisegesetze identitätsstiftend.

Die Gesetze des Moses prägen die **jüdische Identität** bis heute. Trotzdem gelten sie nicht mehr uneingeschränkt. Im Verlauf der Geschichte fanden viele **Interpretationen** und Anpassungen durch jüdische Rechtsgelehrte statt. So waren etwa Gebote, die sich auf den Tempelkult bezogen, nach der Zerstörung des Tempels nicht mehr einzuhalten. Auch frühgeschichtliche **Rechtsnormen** wie die Todesstrafe für viele Delikte oder die Anordnung, dass ein Vergewaltiger sein Opfer heiraten muss, haben natürlich keine Geltung mehr. In anderen Fällen gibt es erhebliche **Meinungsunterschiede zwischen orthodoxen und liberalen Juden** – etwa, was das strenge Befolgen der Speise- und Reinheitsvorschriften betrifft, das Verbot für Frauen, Männerkleidung zu tragen (und umgekehrt), oder das Verbot der Homosexualität.

12 Der Tanach

Der *Tanach* ist die heilige Schrift des Judentums. Er entspricht in etwa dem *Alten Testament*. Sein wichtigster Teil ist die *Thora*.

NAME	Zusammensetzung aus den Anfangsbuchstaben der drei Kapitel: *Thora* (Weisung), *Nevim* (Propheten) und *Ketuvim* (Schriften)
WANN?	Ca. zw. 10. Jh. v. Chr. und 2. Jh. n. Chr., Schwerpunkt im 6. und 5. Jh. v. Chr.
INHALT	*Thora* (*fünf Bücher Mosis*), die Bücher *Josua*, *Richter*, *Samuel*, *Könige*, *Jesaja*, *Jeremia*, *Ezechiel*, *Zwölfprophetenbuch*, *Psalmen*, *Hiob*, *Sprichwörter*, *Rut*, *Hohes Lied*, *Koheleth*, *Klagelieder Jeremias*, *Ester*, *Daniel*, *Esra und Nehemia* und die *Chroniken*

Der ***Tanach*** ist eine Sammlung von 24 Schriften, von denen die meisten – vor allem die ***Thora*** – wieder aus verschiedenen alten Quellen zusammengesetzt wurden. Die mündlichen Wurzeln reichen bis in das **13. Jahrhundert v. Chr.** zurück, die systematische Arbeit am *Tanach* begann vermutlich im 6. Jahrhundert v. Chr. im **Babylonischen Exil**. Der älteste und wichtigste Teil ist die *Thora*. Sie erzählt die Geschichte Gottes und des Volkes Israel beginnend bei der Erschaffung der Welt, über das Leben wichtiger Stammväter wie Noah, Abraham, Isaak, Josef und Jakob bis hin zum Auszug aus Ägypten. Eingebettet in diese Erzählung, sind die **Gebote** aufgelistet, die Moses von Gott erhalten haben soll. Die anderen Bücher des *Tanach* wurden der *Thora* mit der Zeit hinzugefügt.

Die Thora *ist der wichtigste Teil des* Tanach.

AUSWIRKUNGEN

Der *Tanach* verknüpft die Geschichte des Volkes Israel mit den **Offenbarungen** seines Gottes. Die Geschichte wird so als **Heilsgeschichte** interpretiert, in der Gott von Anfang an wirksam ist. Durch die **schriftliche Fixierung** wurden die Glaubensvorstellungen eindeutiger festgelegt als durch mündliche Überlieferung und vor Vergessenheit oder Verfremdung bewahrt.

Jüdische Speisevorschriften 13

Die Kaschrut (Speisegesetze) sind eines der markantesten Merkmale des Judentums. Was koscher ist, bestimmt schon die *Thora*.

BEDEUTUNG	Hebr. koscher = rein, tauglich
MERKMALE	Fleisch darf nur von koscheren, geschächteten Tieren stammen, getrennt von Milchprodukten
GÜLTIGKEIT	Bis heute, auch wenn liberale Juden lockerer damit umgehen

Welche **Lebensmittel** koscher sind, bestimmt im Wesentlichen schon das mosaische Gesetz. Es erlaubt nur **Fleisch** von **wiederkäuenden Landtieren** mit gespaltenen Hufen, im Wesentlichen also von Rindern, Schafen und Ziegen. **Wassertiere** sind nur erlaubt, wenn sie Flossen und Schuppen besitzen. Verbotene Vögel sind vor allem Greifvögel. Insekten und Kriechtiere sind ebenfalls unerlaubt, weshalb **Obst und Gemüse** genau auf kleine Würmer, Maden etc. untersucht werden müssen.

Aber auch koschere Tiere müssen auf eine bestimmte Weise geschlachtet werden: Beim **Schächten** wird ihnen mit einem sehr scharfen Messer die Kehle durchgeschnitten. Danach lässt man sie vollkommen **ausbluten**, da die *Thora* den Genuss von Blut untersagt. Weiter verbietet die *Thora*, „ein Böcklein in der Milch seiner Mutter zu kochen". Dies wird als allgemeines Verbot interpretiert, Fleisch und Milchprodukte zusammen zuzubereiten. Von Nichtjuden gekelterter Wein ist auch verboten, weil die Römer damit Trankopfer darbrachten und er deshalb als Teil der **Götzenverehrung** angesehen wird.

Gläubige Juden essen nur koscher.

Auswirkungen

Die Speisevorschriften erschweren gemeinsame Mahlzeiten zwischen Juden und Nichtjuden. Auch moderne **Fertigprodukte** stellen Juden, die sich strikt koscher ernähren, vor große Probleme, da sie versteckte unkoschere Zutaten wie Gelatine aus Schweineschwarten oder Milchzucker in Wurstwaren enthalten können.

14 Der Sabbat

Die Siebentagewoche ist keine jüdische Erfindung. Doch in keiner anderen Kultur wurde der letzte Tag so geheiligt wie im Judentum.

WORTHERKUNFT	Von einem hebräischen Wort für „aufhören“
WANN?	Von Freitagabend bei Dämmerung bis Samstagabend
WARUM?	Auch Gott ruhte am 7. Tag der Schöpfung.

Weil ein Mondmonat 28 Tage hat, teilten fast alle Kulturen der Welt ihre Monate in vier Wochen mit sieben Tagen ein; so auch die Babylonier. Sie waren der Meinung, dass jeder siebte Tag besonders gefährlich sei, weswegen sie bestimmte Arbeiten unterließen und stattdessen den Göttern opferten. Die Juden übernahmen das, deuteten die **Rituale** aber positiv. In der *Thora* finden sich mehrere Anweisungen Gottes, **den siebten Tag** der Woche zu heiligen und an ihm zu **ruhen**.

Am Sabbat ist nicht nur jede **Erwerbsarbeit verboten**, sondern auch längere Wege und jede, nicht zwingend notwendige, häusliche Tätigkeit. Am Freitag wird traditionell das Haus geputzt, gebadet, das Essen vorgekocht und der Tisch gedeckt. Kurz vor Einbruch der Dämmerung werden die **Sabbatkerzen** feierlich entzündet, denn auch das Anzünden ist am Sabbat verboten. Nach Einbruch der Dämmerung folgen ein Besuch in der **Synagoge** und eine häusliche **Sabbatfeier** mit einem gemeinsamen Mahl. Der nächste Tag wird ebenfalls mit dem Besuch der Synagoge, Gebeten und **besinnlichen Tätigkeiten** verbracht.

Am Sabbat sitzen viele Juden bei einem gemeinsamen Mahl zusammen.

AUSWIRKUNGEN

Den **Ruhetag** am Ende der Woche übernahm das Christentum, legte ihn aber auf den **Sonntag** (den Tag der Auferstehung Christi). Außerdem beschränkte sich das Arbeitsverbot weitgehend auf Erwerbsarbeit. Im Judentum gab es ebenfalls immer wieder **Diskussionen**, welche Tätigkeiten erlaubt sein sollen. Die meisten Rabbiner urteilten nach dem Prinzip, das auch von Jesus überliefert ist: Der Sabbat ist für den Menschen und nicht der Mensch für den Sabbat da.

Jerusalem und der Tempel

15

Die Bibel erzählt, dass Salomo Gott einen prächtigen Tempel baute. Bis zum Jahr 70 war dieser das religiöse Zentrum des Judentums.

WANN?	Ca. 950 v. Chr. in Jerusalem auf dem heutigen Tempelberg
WOZU?	Aufbewahrung der Bundeslade und Verehrung Gottes
WIE VIELE?	Zwei: der Tempel des Salomo (586 v. Chr. durch die Römer zerstört) und der Zweite Tempel (um 500 v. Chr.)

In der *Thora* wird Moses von Gott befohlen, ihm ein Heiligtum zu bauen. Dabei handelt es sich zunächst um ein kostbar und aufwendig gestaltetes Zelt. In diesem sollen die Tafeln mit den Zehn Geboten in der **Bundeslade**, einer Truhe mit Tragbalken, aufbewahrt werden. Nachdem **König David** (um 1000 v. Chr.) Jerusalem zu seiner Hauptstadt gemacht hatte, versprach er Gott, dort einen festen Tempel zu bauen. Sein Sohn **Salomon** erfüllte dieses Versprechen schließlich. Im Allerheiligsten des Tempelgebäudes, das nur die Priester betreten durften, stand die Bundeslade. In der Vorhalle befand sich ein Opferaltar. Die Priester brachten dort täglich **Opfer** dar. Aber auch für die Gläubigen waren in der *Thora* eine Vielzahl von Opfern vorgeschrieben, etwa um sich von einer Schuld zu reinigen, die Geburt eines Kindes oder die **Feste** Sukkot, Schawuot und Pessach zu feiern.

Salomon baute zu Ehren Gottes einen Tempel.

AUSWIRKUNGEN

Der Tempel war das **einzige Heiligtum** der Juden und die vorgeschriebenen Opfer konnten nur dort erbracht werden. Dadurch bekamen Jerusalem und auch die Tempelpriesterschaft eine enorme Bedeutung. Diese Fixierung auf den **Tempel- und Opferkult** wurde jedoch von verschiedenen jüdischen Strömungen kritisiert, die mehr **echte Frömmigkeit** und Gebete forderten. Trotzdem behielt der Tempel bis zu seiner **Zerstörung** seine Bedeutung bei und sein Verlust wird im Judentum bis heute beklagt.

16 Die grossen jüdischen Feste

Die meisten Feste erinnern an ein bedeutendes Ereignis aus der Geschichte des Volkes Israel. Ihr Charakter aber ist sehr verschieden.

WICHTIGSTES FEST	Jom Kippur (Versöhnungsfest)
WEITERE FESTE	Rosch ha-Schana (Neujahrsfest), Sukkot (Laubhüttenfest), Chanukka (Weihefest), Purim (Fest der Lose), Pessach, Schawuot (Wochenfest)
BEDEUTUNG	Feiern der Gnade Gottes

Das jüdische Jahr beginnt nach der Ernte mit dem Neujahrsfest, dem „zehn ehrfurchtsvolle Tage“ folgen, die im **Versöhnungsfest Jom Kippur** enden, an dem Gott alle Sünden vergibt, die aufrichtig bereut werden. Fünf Tage später beginnt dann ein einwöchiges Freudenfest, das **Laubhüttenfest**, das an die 40-jährige Wanderung über den Sinai erinnert.

Wer kann, baut tatsächlich eine Laubhütte, in der gegessen, gebetet und gefeiert wird. An **Chanukka** wird der erfolgreiche Aufstand der Makkabäer im 2. Jahrhundert v. Chr. gefeiert, an **Purim** die Errettung der Juden unter persischer Herrschaft, die im Buch *Ester* geschildert wird, und an **Pessach** die Befreiung aus Ägypten. **Schawuot** schließlich, das sieben Wochen nach dem Pessachfest stattfindet, erinnert daran, wie Moses die Zehn Gebote empfing.

AUSWIRKUNGEN

Die Feste spielen auch heute noch eine große Rolle. Obwohl fast alle an **biblische Ereignisse** erinnern, sind die Feste im Charakter sehr verschieden. Chanukka z.B. ist ein stimmungsvolles Familienfest wie das **christliche Weihnachten**, bei dem Lichter und gemeinsames Essen wichtig sind, während Purim ein ausgelassener **Karneval** ist. Jom Kippur dagegen ist ein ernstes Fest, an dem jeder aufgerufen ist, sein Gewissen auf den Prüfstand zu stellen und ein **besseres Leben** zu beginnen.

Eine Chanukka-Feier im Kreis der Familie

Das Babylonische Exil

17

Die Verschleppung nach Babylon stellt eine einschneidende Zäsur in der Geschichte Israels dar. Aber sie war auch die Chance für einen Neuanfang.

WANN?	598–539 v. Chr.
WER?	Babylonischer König Nebukadnezar II.
WARUM?	Verhinderung der Aufstände nach der Eroberung Jerusalems

Im 6. Jahrhundert v. Chr. versuchten sowohl Ägypten als auch Babylon den Nahen Osten unter ihre Kontrolle zu bekommen. Schließlich eroberte der babylonische König **Nebukadnezar II.** (ca. 640–562 v. Chr.) Juda und deportierte einen Großteil der jüdischen Bevölkerung nach **Babylon**. Im Jahr 539 v. Chr. unterwarf dann der persische **König Kyros II.** (um 590–529 v. Chr.) Babylon und erlaubte den Juden die **Rückkehr** nach Israel und den **Wiederaufbau des Tempels**.

Illustration der ersten drei Verse des Psalms 137

In Texten wie dem *Psalm 137* („An den Strömen von Babylon, da saßen wir und weinten …") ist dieses **Exil** als eine schreckliche Zeit verankert. Tatsächlich waren die Deportierten aber keine Gefangenen oder gar Zwangsarbeiter, sondern konnten in Babylon ein normales Leben führen und sich sogar **assimilieren**, was ein Teil auch tat. Andere dagegen sahen im **Vielvölkerstaat** Babylon die Gefahr, die eigene **Identität zu verlieren**. Dies führte zu einer besonders intensiven Beschäftigung mit dem eigenen Glauben.

AUSWIRKUNGEN

Im Babylonischen Exil wurde erstmals eine jüdische Theologie betrieben, indem die religiösen Führer die heiligen Schriften und Überlieferungen sammelten, diskutierten und interpretierten. Der *Tanach* und wahrscheinlich auch die streng **monotheistischen Überzeugungen** haben ihre Wurzeln in dieser Zeit. Dies führte allerdings auch dazu, dass nach der Rückkehr ein **religiöser Zwiespalt** zu den Daheimgebliebenen, z.B. den Samaritern, auftrat.

18 DER MESSIAS

In vielen Prophezeiungen des *Tanach* wird ein Retter verheißen, der am Ende der Zeiten den ewigen Frieden bringt. Diese Vision gewann in Notzeiten großen Einfluss.

BEDEUTUNG	Hebr. der Gesalbte
WANN?	Älteste Prophezeiungen aus dem 8. Jh. v. Chr.
GRUNDLAGE	Prophezeiungen des Jesaja (Kapitel 9.1–6, 11.1–10), auch von Micha, Hosea, Jeremia, Ezechiel, Haggai und Sacharja

Die meisten jüdischen **Propheten** wirkten in Notzeiten. Sie ermahnten das Volk einerseits, Gott die Treue zu halten, andererseits kündigten sie bessere Tage an. So auch **Jesaja** (8. Jahrhundert v. Chr.), der verspricht, dass eines Tages ein Kind geboren werde, das von Gott mit aller **Weisheit und Stärke** ausgestattet sei. Dieser **Gesandte** werde die Juden von allen Enden der Erde sammeln, sie über ihre Feinde erheben und ein Reich voller **Frieden, Gerechtigkeit und Herrlichkeit** errichten. Mit der Zeit wurde der Titel „Messias" auf diese **Rettergestalt** übertragen. Spätestens unter der römischen Besatzung spielte die Erwartung eines Messias – vor allem im Volk – eine sehr große Rolle. Jeder charismatische, politische oder religiöse **Führer**, der auftrat, weckte die **Erwartung**, der Messias zu sein und das Volk vom Joch der Römer zu befreien.

Jesus gilt im Judentum nicht als der Messias.

AUSWIRKUNGEN

Die Erwartung des Messias war auch im Judentum der **Diaspora** stets präsent und ist es bis heute. Die Haltungen sind jedoch höchst unterschiedlich und reichen von **Skepsis** bis zu **glühender Naherwartung**. Orthodoxe Juden lehnen teilweise den Staat Israel ab, da dessen Errichtung Sache des Messias sei. Liberale sehen alle Gesandten Gottes wie die Propheten als Messias. Für die Christen war Jesus der Messias, was vom Judentum abgelehnt wird, mit der Begründung, er habe kein Friedensreich errichtet.

Die Zerstörung des Tempels

19

Die Zerstörung des Zweiten Tempels ist einer der tragischsten Wendepunkte der jüdischen Geschichte. Er markiert den Beginn der Vertreibung aus Israel.

WANN?	Im Jahr 70 n. Chr.
WARUM?	Eroberung Jerusalems durch die Römer
FOLGE	Verlust des religiösen Mittelpunktes

Kaiser Vespasian schickte seinen Sohn, um Jerusalem zu erobern.

Im Jahr 66 n. Chr. eskalierte der Kampf der Juden gegen die römische Besatzung, da der römische Stadthalter drohte, Teile des Tempelschatzes als Steuern einzuziehen. Die **Aufständischen** hatten zunächst Erfolg, da in Rom chaotische Verhältnisse herrschten. Im Jahr 69 jedoch schickte **Kaiser Vespasian** (9–79) seinen **Sohn Titus** (39–81), der Jerusalem nach langer **Belagerung** eroberte.

Als letztes Bollwerk fiel im Jahr 73 oder 74 auch die **Bergfestung Masada**. Die Niederlage führte dazu, dass viele Juden das Land verließen. Zudem errichteten die Römer zahlreiche römische und griechische **Kolonien** in Israel. Daraus entstanden neue **Rebellionen**. Nach dem **Bar-Kochba-Aufstand** (132–135) zerstörten die Römer ganz Jerusalem und bauten dort eine neue römische Stadt, die für Juden verboten war. Sie zerstörten die letzten zusammenhängenden Siedlungsgebiete der Juden und benannten die Provinz in „Syria Palaestina“ um.

AUSWIRKUNGEN

Die **Zerstörung des Tempels** ist das sinnfälligste Symbol für das **Ende des alten Judentums** in Israel. Tatsächlich war es jedoch ein schleichender Prozess. Während der gesamten römischen Besatzungszeit verließen Juden das Land und ließen sich in anderen Gebieten nieder. Das wirkliche Ende markiert der Bar-Kochba-Aufstand. Danach gab es kaum noch Juden in Israel. Viele waren getötet oder in die **Sklaverei** verkauft worden, die anderen gingen ins **Exil**.

20 Diaspora

Die Vertreibung aus Israel zerstreute die Juden über die ganze damals bekannte Welt. Das veränderte ihr Leben komplett.

BEDEUTUNG	Griech. diaspora = Zerstreuung
BEGINN	Mit dem Babylonischen Exil 598 v. Chr., im engeren Sinn ab 70 oder 135 n. Chr.
ENDE	Nicht beendet, trotz Gründung des Staates Israel (1948), Mehrheit der Juden verstreut

Im Jahr 539 v. Chr. kehrte ein Großteil der deportierten Juden aus Babylon nach Israel zurück. Andere jedoch blieben im religiös toleranten Persischen Reich. Die Zahl dieser **Diasporagemeinden** nahm in der Folge ständig zu. Bereits vor der Zerstörung des Tempels lebten mehr Juden außerhalb Israels als innerhalb. Die Diasporagemeinden waren gut organisiert und hielten Kontakt untereinander. Auf diese Weise entstand ein **jüdisches Netzwerk**, das auch für den Fernhandel genutzt wurde. Aufgrund ihrer **Wirtschaftskraft** wurden die Juden von den Regierenden vielerorts geschätzt und durften ihren Glauben ungestört leben. Andererseits stellten die religiösen Vorschriften, die ihr Leben bestimmten, immer eine **Kluft** zur übrigen Bevölkerung dar. Dazu kam oft **Neid** auf die privilegierte Stellung. Mit der Ausbreitung des Christentums war das Judentum dann nicht mehr eine von vielen Glaubensrichtungen in einer religiös heterogenen Welt, sondern einziger **Außenseiter** unter lauter Gleichgläubigen. Außerdem verurteilten viele christliche Theologen die Juden als **Gottesmörder**. Im Vorfeld des **Ersten Kreuzzuges** im Jahr 1096 kam es zu den ersten antijüdischen **Pogromen**.

Zu den ersten antijüdischen Pogromen kam es bereits 1096 und weitere sollten folgen.

AUSWIRKUNGEN

Den jüdischen Gemeinden gelang es zwar, ihr religiöses Leben in der Diaspora neu zu organisieren. Doch sie blieben immer mit **Misstrauen** beäugte Außenseiter, abhängig vom **Schutz** der Herrschenden. Schon in der Antike begann sich ein **antisemitisches Feindbild** zu entwickeln, das mit der Zeit immer stärker wurde.

Synagogen

21

Nach der Zerstörung des Tempels wurden die Synagogen zu den Zentren der jüdischen Religion. Statt Opfer stehen seither Gebete und das Studium der Schriften im Mittelpunkt.

BEDEUTUNG	Griech. synago = Versammlung; hebr. Beth Knesset = Versammlungshaus; jiddische Bezeichnung = Schul
WANN?	Seit dem Babylonischen Exil, spätestens seit dem 3. Jh. v. Chr.
STATUS	Im Gegensatz zu Kirchen (oder dem Tempel) keine Sakralgebäude, da nicht geweiht

Schon in Babylon mussten die Juden ihr religiöses Leben – fernab vom Tempel – neu gestalten. Anstatt Exiltempel zu errichten und den Opferkult fortzuführen, gaben sie ihn auf, organisierten sich in Gemeinden und widmeten sich verstärkt dem **gemeinsamen Gebet** und dem Studium der Schriften. Diese Art der Religionsausübung übernahmen in der Folge die Diasporagemeinden. Spätestens seit dem **3. Jahrhundert v. Chr.** wurde es üblich, dass die Gemeinden **Synagogen** errichteten. Diese enthalten auf jeden Fall einen ausreichend großen **Gebetsraum**, meistens aber auch noch Nebenräume für Studien oder Vorträge. Eine spezielle Synagogenarchitektur gibt es nicht. Viele Synagogen **ähneln den Sakralbauten** anderer Religionen. In den Synagogen werden vor allem die **Sabbatgottesdienste** und die drei täglichen Gebete abgehalten.

AUSWIRKUNGEN

Erst mit der Etablierung der Synagogen entstand ein jüdisches Gemeindeleben. Vorher bestand die Ausübung der Religion vor allem im Befolgen der Gebote im Alltag und den Opfern im Tempel. Die Synagogen dagegen wurden nicht nur Gebets-, sondern auch **Studienzentren**, sodass die **intellektuelle Auseinandersetzung** mit der Religion zu einem der prägenden Merkmale des Judentums wurde.

In den Synagogen finden vor allem die Gottesdienste zum Sabbat statt.

22 Rituelle Gegenstände und Symbole

Der Davidstern steht heute für das Judentum wie das Kreuz für die Christen. Doch für die Religion haben andere Dinge größere Bedeutung.

WICHTIGSTER GEGENSTAND	Thorarolle, aus der im Gottesdienst gelesen wird
WICHTIGSTES SYMBOL	Menora (siebenarmiger Leuchter), ursprüngliche Menora stand im Tempel.
WEITERE GEGENSTÄNDE	Leuchter, Schüsseln und Becher zum Entzünden der Kerzen, zum feierlichen Essen und Trinken sowie zur Feier des Sabbats und anderer hoher Feste

Auch wenn Synagogen nicht geweiht sind, gibt es im Gebetsraum doch stets ein Heiligtum – den **Thoraschrein**, auch „Heilige Lade" genannt. Er befindet sich an der nach Jerusalem gerichteten Wand. Vor dem Schrein leuchtet das **ewige Licht**. Im Schrein befinden sich die **Thorarollen**. Diese bestehen wie in der Antike aus **Pergament**, auf den spezielle Schreiber (Sofer) den hebräischen Text mit Gänsekiel und traditioneller Tinte auftragen. Das Herausnehmen der Thorarolle aus ihrem Schrein und das feierliche **Lesen oder Singen** des Textes sind der Mittelpunkt jüdischer Gottesdienste. Viele Thorarollen sind Hunderte von Jahren alt. Wenn sie nicht mehr brauchbar sind, werden sie feierlich beerdigt. Zu bestimmten Gebeten legen die Juden **Gebetsriemen** (Tefillin) bzw. einen **Gebetsschal** (Tallit) an. Beides geht auf Gebote aus der *Thora* zurück. Das Tragen des Scheitelkäppchens **Kippa** dagegen wurde erst in der frühen Neuzeit üblich, ist für viele Juden heute aber selbstverständlich.

Wichtige Gegenstände des Judentums

AUSWIRKUNGEN

Heute gelten vor allem der **Davidstern** und die Kippa als Symbole des Judentums und werden von den Juden selbst auch als solche verwendet. Die religiöse Tradition jedoch wird vor allem durch die Thorarollen verkörpert.

Der Davidstern

Jüdisches Leben

23

Die Befolgung der Gebote im Alltag, die Gottesdienste in der Synagoge und die religiösen Feste im Lebenslauf sind die drei Komponenten, die das Leben der gläubigen Juden bestimmen.

AUFNAHMERRITUS	Bar-Mizwa
WEITERE FESTE	Beschneidung, Eheschließung
REGELMÄSSIGE PFLICHTEN	Tägliche Gebete, Synagogenbesuch am Sabbat

Jeder Jude ist aufgefordert, **dreimal** täglich zu **beten**: morgens, mittags und abends. Dies kann privat, aber auch in der Synagoge geschehen. Das wichtigste Gebet ist das *Höre Israel*. Zur Feier des Sabbats und der religiösen Feste gehören sowohl der Besuch von **Gottesdiensten** als auch häusliche Rituale, meist rund um **feierliche Mahlzeiten**. Die religiösen Feste im Lebenslauf beginnen bei Jungen mit der **Beschneidung** acht Tage nach der Geburt. Für Mädchen gibt es meist eine **Segensfeier**. Jungen werden im Alter von 13 Jahren in der Feier der **Bar-Mizwa** als vollwertige Mitglieder in die Gemeinde aufgenommen. Sie bekommen ihre ersten Gebetsriemen und dürfen zum ersten Mal aus der *Thora* vorlesen. Mädchen gelten mit zwölf Jahren religiös als volljährig. Entsprechende Einführungen wie bei den Jungen sind aber eine moderne Erscheinung. Bei der jüdischen **Trauung** trinken Braut und Bräutigam unter einem Baldachin aus einem Becher und werden vom Rabbiner gesegnet. **Scheidungen** sind vor einem Rabbinergericht möglich. Tote werden, in ein Tuch gewickelt, spätestens nach einem Tag begraben, wenn das gesetzlich möglich ist.

Zum religiösen Leben gehört das tägliche Gebet.

AUSWIRKUNGEN

Wenn alle **religiösen Pflichten** ernst genommen werden, dann bestimmt der Glaube das ganze Leben seiner Anhänger. Doch auch im Judentum gibt es heute viele Menschen, die religiöse Riten nur an hohen Feiertagen und auch da teilweise nur **oberflächlich zelebrieren**.

24 Die Rabbiner

Jüdische Gemeinden werden von einem Rabbiner geleitet. Dieser ist jedoch kein Priester, sondern ein Gelehrter.

BEDEUTUNG	Hebr. Meister oder Lehrer
STATUS	Heute ein Amt, früher ein alter Ehrentitel (bei den Chassiden auch Rebbe) für Gelehrte
VORAUSSETZUNG	Ausbildung, die heute teilweise auch Frauen offensteht

Auch **Jesus** wird in den Evangelien von seinen Anhängern als **Rabbi** angesprochen. Der Titel war damals noch nicht mit einem Amt verbunden, sondern meinte ganz allgemein einen **religiösen Lehrer**. Vor allem in den Diasporagemeinden aber entstand ein Bedarf an *Thora*-Experten. Schließlich galt es herauszufinden, wie man auch ohne den Tempelkult ein Leben gemäß dem jüdischen Gesetz (Halacha) führen konnte. Diese **Halacha** setzt sich aus dem **mosaischen Gesetz** und allen Interpretationen und Ergänzungen zusammen, die es seitdem gegeben hat. Um sich – vor allem in außergewöhnlichen Situationen – zurechtzufinden, brauchte jede Gemeinde unbedingt ihren Rabbi. Gottesdienste und Gebete konnten dagegen von jedem erwachsenen Juden geleitet werden. Auch heute sind in den orthodoxen jüdischen Gemeinden die Rabbiner in erster Linie **religiöse Rechtsgelehrte**, an die sich die Gläubigen wenden, wenn sie Fragen und Probleme haben. In nicht orthodoxen Gemeinden dagegen fungieren sie als **Gemeindeleiter** ähnlich den christlichen Priestern.

Ein Rabbi ist vor allem ein religiöser Rechtsgelehrter.

AUSWIRKUNGEN

Die Bedeutung der Rabbiner für das Judentum ist so groß, dass es auch als **rabbinisches Judentum** bezeichnet wird. Diese Abgrenzung wird zu zwei kleineren Religionsgemeinschaften getroffen, den **Karäern** und **Samaritern**, die sich zwar auch auf die *Thora* berufen, jedoch die ganze Lehrtradition der rabbinischen Interpretationen ablehnen.

Der Talmud

25

Neben dem *Tanach* ist der *Talmud* das zweite bedeutende Buch des Judentums. Die genaue Kenntnis dieses 10.000-Seiten-Wälzers macht einen Schriftgelehrten aus.

BEDEUTUNG	Hebr. Lehre oder Studium
WANN?	Zw. dem 3. und 11. Jh.
WAS?	Sammlung der Lehren angesehener Rabbiner

Der wichtigste Teil des *Talmuds* ist die ***Mischna***, eine Ergänzung und Kommentierung des mosaischen Gesetzes durch verschiedene Gesetzeslehrer, die sogenannten Tannaiten, die ab dem 1. Jahrhundert n. Chr. wirkten. Der Tradition nach soll die *Mischna* auf eine **mündliche Unterweisung** zurückgehen, die Moses auf dem Berg Sinai von Gott ergänzend zu den Geboten der *Thora* erhielt und die dann von Rabbi zu Rabbi weitergegeben wurde. Sie wurde im 3. Jahrhundert sowohl in Palästina wie in jüdischen Gemeinden im heutigen Irak zusammengestellt. Sie wird durch die ***Gemara*** ergänzt, die wiederum aus Kommentaren zur *Mischna* besteht. Diese *Gemara* ist beim babylonischen und beim palästinensischen *Talmud* unterschiedlich, da Kommentare aus der jeweiligen Region gesammelt sind. Der babylonische *Talmud* wurde im Mittelalter noch einmal durch neuere Kommentare ergänzt. Die einzelnen Teile werden nicht hintereinander gedruckt, sondern die Texte der *Mischna* mit den dazugehörigen Kommentaren umgeben.

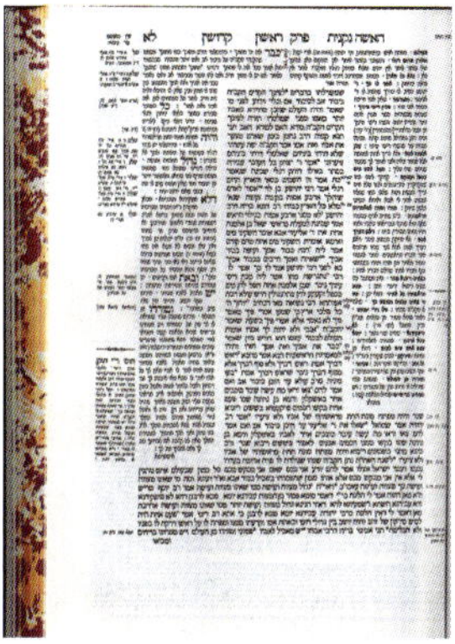

Schriftgelehrte sollten den Talmud *genau kennen.*

AUSWIRKUNGEN

Der *Talmud* fasst die Lehren der wichtigen Rabbiner bis zum Mittelalter zusammen. Für das rabbinische Judentum sind sie genauso verpflichtend wie die **Gesetze** der *Thora*. Zwar hat sich das jüdische Recht (Halacha) seitdem ***weiterentwickelt*** – weil immer neue Fragen beantwortet werden müssen –, doch diese **Diskussion** muss auf den Grundlagen von *Talmud* und *Thora* erfolgen.

26 Die Kabbala

Popsängerin Madonna und andere Prominente haben die Kabbala wieder populär gemacht. Doch mit der ursprünglichen jüdischen Mystik hat das nicht mehr allzu viel zu tun.

BEDEUTUNG	Hebr. Überlieferung
WANN?	1. Jh., Blütezeit im Mittelalter
HAUPTWERK	*Zohar*, angeblich von Schimon ben Jochai (2. Jh.), vermutlich aber weit jünger

Bei der Kabbala geht es im Grunde darum, **Gott zu erfahren**. Sie war zunächst eine Überlieferung, dass in der *Thora* **geheime Botschaften** versteckt seien, die unter **Eingeweihten** weitergegeben würden. Sie wurde dann stark vom **Neuplatonismus** beeinflusst, einer Geistesströmung, die im 3. Jahrhundert in Alexandria blühte. Diese geht weniger von einem personalen Gott aus als vielmehr von einem unfassbaren **göttlichen Ganzen**, das aber für den Menschen auf mystischem Weg erfahrbar ist. Die Kabbalisten glaubten, dass die Teile des menschlichen Körpers mit den göttlichen Sphären (Sefirot) verbunden seien. So sei es möglich, beim Studium der *Thora* hinter dem wörtlichen und übertragenen Sinn sowie der rabbinischen Auslegung noch eine **mystische Bedeutung** des Textes zu erfahren. Die Vorstellung, mit dem Göttlichen in Kontakt zu treten, wurde unter den europäischen Juden des Mittelalters gerade in Abgrenzung zum kopfgesteuerten Rabbinertum sehr populär.

Kern der Kabbala ist der Lebensbaum, der aus den zehn Sefirot besteht.

AUSWIRKUNGEN

Neben dem Versuch, Gotteserfahrungen durch mystische Versenkung zu machen, traten sehr bald auch okkulte, **magische Praktiken**, wie Zaubersprüche, Zahlenmystik etc. Vor allem dieses angebliche **Geheimwissen** der Kabbala wurde bis in die Gegenwart immer wieder von **esoterischen Bewegungen** aufgegriffen.

Die jiddische Kultur

27

Jiddisch wurde auch in Westeuropa gesprochen. In Osteuropa aber entwickelte sich eine ganz besondere jiddische Kultur.

WANN?	Vom 12. Jh. bis zur Ausrottung durch den Holocaust 1941–45
WO?	Polen, Ukraine, Weißrussland, Russland, baltische Staaten, Teile Rumäniens, in geringerem Maß auch in Böhmen und Ungarn
SPRACHE	Mittelalterliches Deutsch mit diversen Lehnwörtern, vor allem aus dem Hebräischen

Bereits im 12. Jahrhundert, verstärkt aber nach den **Pestpogromen** im 14. Jahrhundert, wanderten viele westeuropäische Juden nach **Polen** und **Litauen** aus, deren Herrscher ihnen besseren Schutz gewährten. Diese **Abwanderung** nach Osten hielt bis ins 17. Jahrhundert an. Die meisten Ostjuden lebten in eigenen Dörfern und Kleinstädten, den **Schtetl**. Dadurch bildete sich noch viel stärker eine eigene Kultur und **Lebensweise** heraus als in den jüdischen Gemeinden Westeuropas und die mitgebrachte Sprache wurde konserviert. Die Bewohner waren meist sehr **arm**, entwickelten aber durch intensive Beschäftigung mit dem *Talmud* eine Blüte der rabbinischen **Gelehrsamkeit**, die die im Westen übertraf. Im 17. Jahrhundert verschlechterte sich die Situation. Es begann sich eine nicht nur arme, sondern oft auch ungebildete, **jüdische Unterschicht** zu formieren, da Zugang zu anderem Wissen als dem des *Talmuds* fehlte.

AUSWIRKUNGEN

An der Schtetl-Kultur schieden sich auch die Geister gebildeterer Juden. Für die einen stellte sie eine **liebenswerte Idylle** dar, andere sahen in den rückständigen Glaubensgenossen eine **Schande** für ihre Religion. Bei der Herausbildung des antisemitischen Klischees wurde oft das Bild der armen Schtetl-Juden mit dem erfolgreich assimilierter Juden gemixt.

Bald gab es eine Kluft zwischen der Schtetl-Kultur und den gebildeteren Juden.

28 Die Chassiden

Einerseits waren die Chassiden sehr fromm, andererseits kultivierten sie einen emotionalen Zugang zu Gott und Lebenslust.

WER?	Rabbi Israel ben Elieser, genannt Baal Schem Tov (um 1700–60)
WANN?	Im 17. Jh. in der osteuropäischen Schtetl-Kultur
WO?	Heutige Ukraine

Die einfache, ländliche jüdische Bevölkerung Osteuropas war im 17. Jahrhundert von großer **Armut** sowie den ersten Pogromen geplagt und fand keinen Zugang mehr zum hoch intellektuellen rabbinischen Judentum. Stattdessen wandte sie sich **kabbalistischen Strömungen** und charismatischen **Wanderpredigern** zu. Ein solcher war auch **Baal Schem Tov**. Er lehrte, dass Gott in allem präsent sei und jeder mit dem Herzen mit ihm in Kontakt treten könne – durch aufrichtige Liebe, vertrauensvolle Gebete und mystische Versenkung. Zwar lehnte er die Schriften nicht ab, setzte aber auf einen vereinfachten kabbalistischen Zugang. In den Gottesdiensten versuchten seine Anhänger, Gott durch **ekstatische Lieder**, Tänze und Gebete näherzukommen. Diese **neue Religiosität** verbreitete sich innerhalb weniger Jahrzehnte in Osteuropa. Dies führte zu **Spannungen** mit dem rabbinischen Judentum. Die westeuropäischen Juden betrachteten diese Strömung meist als **rückständig** und unvereinbar mit dem rationalen Geist der Aufklärung.

Chassiden beim Feiern des Laubhüttenfestes

AUSWIRKUNGEN

Der Chassidismus wurde wie das ganze europäische Judentum ein Opfer des Holocaust. Nach dem Krieg jedoch entdeckte der österreichische Philosoph **Martin Buber** (1878–1965) die Geschichten und Parabeln der Chassidim mit ihrer lebensnahen und oft verschmitzten **Weisheit** wieder. Außerdem überlebten einige **chassidische Dynastien** in den USA und in Israel, die meist der orthodoxen Strömung angehören.

Moses Mendelssohn und die Emanzipation des Judentums

29

Der Philosoph aus Dessau war der Wegbereiter der Haskala, der jüdischen Aufklärung. Sein Freund Lessing setzte ihm in *Nathan der Weise* ein literarisches Denkmal.

WAS?	Haskala = Aufklärung, abgeleitet vom hebräischen Wort für „Verstand“
WANN?	1729–86
WO?	Berlin

Mendelssohn war in Dessau Schüler des bedeutenden Gelehrten **David Fränkel** (1707–62). Diesem folgte er 1742 nach Berlin. 1754 lernte er **Gotthold Ephraim Lessing** (1729–81) kennen, der ihn in intellektuelle Kreise der **Aufklärung** einführte. Mendelssohn machte sich erst als **Literaturkritiker**, dann durch philosophische Aufsätze einen Namen. Wegen seiner Brillanz wurde er als **„deutscher Sokrates“** bezeichnet. Trotzdem hatte er keine Bürgerrechte, sondern nur den Status eines **„Schutzjuden“**. Nach einem Zusammenbruch 1771 beschloss er, sich der Situation der Juden zu widmen. Beispielsweise brachte er seine einflussreichen Freunde dazu, sich für eine **bürgerliche Verbesserung der Juden** auszusprechen, warb für eine gute, **moderne Bildung** in Hochdeutsch, nicht Jiddisch und für den **Dialog** zwischen den Religionen.

Moses Mendelssohn

AUSWIRKUNGEN

Durch seine Aktivitäten, aber fast mehr noch durch seinen enormen **Erfolg** in der christlichen Mehrheitsgesellschaft gab Mendelssohn einen entscheidenden Anstoß zur jüdischen **Emanzipationsbewegung**. 1791 bekamen die Juden in Frankreich die vollen **Bürgerrechte**, 1812 auch in Preußen. Der Aufruf, **„geistig aus dem Getto herauszukommen“**, sprach aber vor allem Juden an, die dem Geist der Aufklärung verbunden waren. So entstand nun auch ein säkulares, nicht religiös geprägtes Judentum. Viele Juden suchten auch die vollständige **Assimilation**, was häufig in einem Übertritt zum Christentum mündete.

30 Theodor Herzl und der Zionismus

Der Erfolg der emanzipierten Juden führte auch zu Neid und steigendem Antisemitismus. Viele sahen nur einen Ausweg: einen eigenen Staat.

HINTERGRUND	Österreichischer Journalist (1860–1904)
HAUPTWERK	*Der Judenstaat* (1896)
ZIONISMUS	Alter Name für den Tempelberg. Der Begriff steht für eine Rückkehr der Juden nach Israel und einen Wiederaufbau des Tempels.

Die Sehnsucht nach einer **Rückkehr nach Israel** war im Judentum stets vorhanden. In der ***Amida***, einem der wichtigsten Gebete, wird Gott angefleht, die Juden von den Enden der Erde wieder zu sammeln. Vom Mittelalter bis in die Neuzeit ließen sich immer wieder einzelne Gruppen in Israel nieder.

Theodor Herzl forderte einen eigenen Staat der Juden.

Doch zum Fanal wurde erst **Theodor Herzls *Der Judenstaat***. Herzl war zu der Überzeugung gekommen, dass die Assimilation der Juden in Westeuropa gescheitert sei, da jeder jüdische Erfolg den **Antisemitismus** nur noch schlimmer machte. Deshalb – so forderte er – bräuchten die Juden einen **eigenen Staat**, egal wo. Ein Jahr später gründete sich die **Zionistische Weltorganisation** und beschloss, eine **Staatsgründung in Palästina** anzustreben.

AUSWIRKUNGEN

Die Zionisten bemühten sich um die Zustimmung der europäischen Großmächte zu ihrem Plan und konnten 1919 auch eine Einigung mit **Faisal bin al-Hussein** (1883–1933), dem Emir von Mekka, erzielen. Als jedoch Großbritannien und Frankreich den Arabern die Gründung eines Staates in Syrien und dem Libanon verweigerten, begannen diese gegen die jüdische Einwanderung zu agieren. Unterdessen sorgten aber erst die Pogrome in Osteuropa, dann der **deutsche Nationalsozialismus** dafür, dass der **Zuzug** von Juden nach Palästina nicht mehr aufzuhalten war.

Die Ausrichtungen des Judentums

31

Das Judentum hat heute viele Facetten. Diese richten sich nicht nur danach, wie streng Gebote befolgt werden, sondern auch nach der Abstammung.

HAUPTSTRÖMUNGEN	Orthodox, konservativ, liberal
BEDEUTENDE UNTERGRUPPE	Ultraorthodoxe
UNTERSCHEIDUNG NACH HERKUNFT	Aschkenasim (Vorfahren aus West- und Osteuropa), Sephardim (Vorfahren aus Spanien und Portugal), orientalische Juden (Mizrachim), Äthiopier, Jemeniten

Die jüdische Aufklärung führte auch zu einer neuen religiösen Haltung. Die **liberalen** Juden nehmen sich mittlerweile die **Freiheit** heraus, Bestandteile der Halacha (Gesetze), die für sie keinen Sinn mehr ergeben, über Bord zu werfen. Jeder Gläubige soll sein Gewissen befragen, wie er mit den formellen Geboten umgeht. Für die **orthodoxen** Juden dagegen ist die Halacha unantastbar. **Ultraorthodoxe** Juden halten zusätzlich an Traditionen fest, die aus der Schtetl-Kultur stammen. Das **konservative** Judentum nimmt eine **Zwischenstellung** ein. Es sieht die Halacha zwar als bindend an, hält aber auch deren Weiterentwicklung für wesentlich. So dürfen auch hier inzwischen Frauen Rabbiner werden oder aus der *Thora* lesen.

Es gibt orthodoxe, konservative und liberale Juden.

Vor allem in Israel spielen auch die unterschiedlichen Wurzeln eine Rolle. Denn zwischen den verschiedenen Gruppen bildeten sich im Lauf der Diaspora **Unterschiede** heraus, die z.B. Sprache, Liturgie und Bräuche betreffen, sich aber auch in einer unterschiedlichen Gesetzesauslegung niederschlugen.

AUSWIRKUNGEN

Jeder Jude schließt sich der Gemeinde an, die seiner Richtung entspricht. Zwischen den **einzelnen Strömungen** gibt es durchaus **Spannungen**, die jedoch nicht an der gemeinsamen jüdischen Identität rühren.

32 Grundlagen der christlichen Theologie

Das Christentum bekennt sich zum selben Gott wie das Judentum, ist aber der Überzeugung, dass dieser durch Jesus einen neuen Bund mit den Menschen schloss.

WANN?	Ca. ab dem Jahr 30
WO?	Israel bzw. Palästina (damals die römischen Provinzen Judäa, Galiläa und Samaria)
WIE VIELE?	Ca. 2,2 Mrd. Menschen

Christen glauben, dass Gott in seinem Sohn **Jesus Christus** auf der Erde erschienen ist. Dessen Lehre ist in den **vier Evangelien** festgehalten. Als erstes und wichtigstes Gebot nannte Jesus, Gott von ganzem Herzen zu lieben und seinen Nächsten wie sich selbst. Dies soll bis zur **Feindesliebe** und **Selbstverleugnung** gehen. Alles Weltliche, selbst das eigene Leben, sei weniger wichtig, als die unsterbliche Seele vor Schaden zu bewahren. Denn im Jenseits würden die Menschen von Gott nach ihren Taten gerichtet.

Maria mit Jesus Christus

Das Christentum sieht sich als Teil der **Heilsgeschichte**, die im *Tanach* festgehalten ist. Jesus gilt als der verheißene **Erlöser** (Messias). Sein Wirken wird als neuer Bund gesehen, den Gott diesmal nicht nur mit dem jüdischen Volk, sondern mit der ganzen Menschheit schloss. Deshalb sind die Christen auch aufgefordert, **Andersgläubige zu missionieren**.

AUSWIRKUNGEN

Einerseits verkündet das Christentum eine „frohe Botschaft" von Nächstenliebe, dem Eintreten für die Notleidenden, einem **gütigen Gott** und dem ewigen Leben – diese Werte prägten die abendländische Kultur entscheidend mit. Andererseits schürte die Kirche auch immer wieder die **Angst** der Menschen um ihr **Seelenheil** und erklärte teilweise anstelle von Nächstenliebe formelle **Frömmigkeit** oder die **Bekämpfung Andersgläubiger** als Weg zum Heil.

Jesus von Nazareth

33

Dass ein jüdischer Wanderprediger namens Jesus wirklich lebte, gilt unter Historikern als wahrscheinlich. Für die Christen aber war er der Sohn Gottes.

BEDEUTUNG	Christus = der Gesalbte – Übersetzung des hebräischen Titels Messias, mit dem der Apostel Paulus Jesus nach seinem Tod bezeichnete
WANN?	Zw. 4 und 7 v. Chr.–30 n. Chr.
WO?	In der Provinz Galiläa rund um den See Genezareth

Die **Evangelien** erzählen, dass Jesus als Sohn einer Jungfrau, gezeugt durch den **Heiligen Geist**, in einem Stall bei **Bethlehem** geboren wurde. Etwa mit 30 Jahren begann er als **Wanderprediger** umherzuziehen. Begleitet wurde er von einer Schar von Anhängern, darunter zahlreiche Frauen. Die Evangelien berichten, dass er viele **Wunder** wirkte, indem er Kranke heilte und Dämonen austrieb. Er erklärte aber, gesandt worden zu sein, um die **Seelen** der Menschen zu retten. Deshalb suchte er immer wieder Kontakt zu Sündern. Obwohl er darauf hinwies, das jüdische Gesetz nur auslegen und nicht brechen zu wollen, zog er sich die **Feindschaft** des religiösen Establishments zu. Als er schließlich in **Jerusalem** lehrte, wurde er verhaftet und vom römischen Stadthalter **Pontius Pilatus** (reg. 26–36) – auf Drängen der Hohepriester – zum Tod am Kreuz verurteilt. Mehrere seiner Anhänger erklärten jedoch, dass er **auferstanden** und ihnen begegnet sei.

Jesus wurde in Bethlehem geboren und wuchs in Nazareth auf.

AUSWIRKUNGEN

Jesu Anhänger waren fest davon überzeugt, dass er tatsächlich der Sohn Gottes und von den Toten auferstanden war. Sie begannen, seine Lehre in aller Welt zu verbreiten. Heute ist das Christentum die mit Abstand **größte Weltreligion**.

34 Das Abendmahl

Die Eucharistie gilt als der wichtigste Teil der christlichen Liturgie. Er erinnert an das letzte Abendmahl.

BEDEUTUNG	Griech. Eucharistie = Danksagung
INHALT	Die Verwandlung von Brot und Wein durch den Priester und deren Empfang durch die Gläubigen
TEILNAHME	Orthodoxe Christen: ab der Taufe; Katholiken: ab der Erstkommunion; Protestanten: traditionell ab der Konfirmation

Die Evangelien berichten, dass Jesus am Abend seiner Festnahme mit seinen Jüngern das **Pessachfest** feierte. Während des Mahles nahm er **Brot**, segnete es, verteilte es an seine Jünger und sagte: „Nehmt, das ist mein Leib.“ Danach reichte er ihnen einen Kelch mit **Wein** und erklärte: „Das ist mein Blut des neuen Bundes, das für viele vergossen wird.“ Dann forderte er sie auf, dieses Mahl künftig in Gedenken an ihn zu feiern.

Die ersten christlichen Gemeinden vollzogen diesen Ritus beim gemeinsamen Essen, bald aber wurde er Teil des **Gottesdienstes**.

Brot und Wein gehören auch heute noch zum Abendmahl.

Bereits im 2. Jahrhundert kam die Ansicht auf, dass durch die Wiederholung der Worte Jesu durch den Priester, Brot und Wein verwandelt würden, sodass Jesus tatsächlich in ihnen präsent sei. Beim Verzehr der Gaben käme es dann zur **„Kommunion“** (Gemeinschaft) mit Gott. Dieses Abendmahlverständnis gilt bis heute in der katholischen, orthodoxen, evangelisch-lutherischen und anglikanischen Kirche. Laut katholischem Verständnis ist Christus aber nicht nur präsent, sondern Brot und Wein durchlaufen tatsächlich eine **Wesensverwandlung** (Transsubstantiation) in seinen Leib und sein Blut. Die reformierte Kirche und viele Freikirchen sehen im Abendmahl dagegen lediglich eine **symbolische Gedächtnisfeier**. Andere wie die **Altkatholiken** sprechen von einer Gegenwart Christi in Brot und Wein, die aber ein Mysterium sei.

Jesus feierte das letzte Mahl mit seinen zwölf Jüngern.

AUSWIRKUNGEN

Die Eucharistie wird von den Christen als zentraler und heiligster Teil ihres Glaubens gesehen. Katholische Gläubige sind verpflichtet, jeden Sonntag an einem **Gottesdienst** mit Eucharistiefeier teilzunehmen. Orthodoxe Christen dagegen empfangen die Kommunion nur nach vorheriger **Beichte** und längerer Nüchternheit. Geweihte **Hostien** werden in kostbaren Schreinen, den Tabernakeln, aufbewahrt. Hostienschändung war im Mittelalter ein schweres Delikt, das man oft den Juden unterstellte, was immer wieder zu Pogromen führte.

In der katholischen Kirche war die Kelchkommunion für gewöhnliche Gläubige lange Zeit verboten. Auch die Hostie durften sie nicht anfassen, sondern bekamen sie kniend vom Priester auf die Zunge gelegt. Dies ist Vergangenheit, doch die **unterschiedlichen Auffassungen** über das Wesen der Eucharistie trennen bis heute die Konfessionen. Vor allem die katholische und orthodoxe Kirche verbieten die gemeinsame Eucharistie mit anderen Konfessionen. Viele, aber nicht alle protestantischen Religionen dagegen pflegen eine Abendmahlsgesellschaft.

AGNUS DEI

Die lateinische Bezeichnung bedeutet „Lamm Gottes". Im Judentum waren Fleisch und Blut eines Lammes ein traditionelles Opfer, um sich vor Gott von einer Schuld zu reinigen. Nach der Interpretation des Apostels Paulus machte Jesus sich durch seinen Tod zum freiwilligen Schuldopfer, zum „Pessachlamm", um die Menschheit mit Gott zu versöhnen. Deshalb würde beim Feiern der Eucharistie das Kreuzopfer Jesu nachvollzogen, weshalb auch von einem Messopfer gesprochen wird. Martin Luther (1483–1546) lehnte den Opfergedanken der Eucharistie jedoch ab.

35 Paulus von Tarsus

Manchmal wird behauptet, der Apostel Paulus habe das Christentum erst begründet. Auf jeden Fall war er der erste christliche Theologe und der eifrigste Missionar.

WANN?	Ungewiss, nach dem Jahr 60, wahrscheinlich in Rom gestorben
HERKUNFT	Jude mit römischem Bürgerrecht aus Tarsus (in der heutigen türkischen Provinz Mersin)
QUELLEN	*Apostelgeschichte*, seine eigenen Briefe

Paulus war ursprünglich ein **strenggläubiger Jude**. Wie er selbst in seinen Briefen erzählt, verfolgte er die Christen, bis er eines Tages auf dem Weg nach Damaskus ein **Bekehrungserlebnis** hatte. Daraufhin begann er ausgedehnte **Missionsreisen** und baute viele **christliche Gemeinden** auf. In **Briefen** an diese Gemeinden legte er seine theologischen Vorstellungen dar. Seiner Auffassung nach sei Jesus gestorben, um die Menschheit durch seinen Opfertod von **Adams Erbsünde** zu reinigen. Um von Gott erlöst zu werden, sei deshalb in erster Linie der Glaube an Jesus Christus nötig. Die Gewissheit der Erlösung mache jeden Christen zu einem neuen Menschen, der automatisch gerecht und richtig handele. Nicht gute Taten führten also zur Errettung, sondern die Errettung zu guten Taten. Die Chance zur **Erlösung** wollte Paulus allen Menschen zuteilwerden lassen. Deshalb trat er auf einem Konzil (etwa 50 n. Chr.) in Jerusalem gegenüber den anderen Aposteln vehement dafür ein, nicht nur den Juden das Evangelium zu verkünden.

Paulus von Tarsus war der erste christliche Theologe.

AUSWIRKUNGEN

Paulus ist derjenige, der dafür sorgte, dass das Christentum keine jüdische Sekte blieb, sondern eine **neue Religion** wurde, die sich weltweit verbreitete. Seine Lehre setzte aber auch neue Akzente gegenüber den Evangelien, etwa indem er den Glauben über gute Taten stellte.

36

Die Bibel

Als „Buch der Bücher“ wird die Bibel auch bezeichnet. In ihr befinden sich alle grundlegenden Schriften des christlichen Glaubens.

BEDEUTUNG	Griech. biblios = Buch, ursprünglich biblia = Bücher
DIE TESTAMENTE	*Altes Testament* mit Schriften aus der Zeit vor Jesus, *Neues Testament* mit Schriften, die sich auf sein Wirken beziehen
WANN?	Ca. 70 (Markus-), ca. 80 (Matthäus-), ca. 90 (Lukas-), ca. 120 (Johannesevangelium)

Kernstück der Bibel sind die **vier Evangelien** (Frohe Botschaften), die über das Leben und die Lehre Jesu berichten. Der Tradition nach sind sie von den Aposteln **Matthäus** und **Johannes** und den Apostelschülern **Markus** und **Lukas** geschrieben. Dafür gibt es nach heutigem Forschungsstand keinerlei Anhaltspunkte. Weiterhin gibt es einen Bericht über das Wirken der ersten Apostel (*Apostelgeschichte*), diverse Apostelbriefe, eine Endzeitvision (*Offenbarung des Johannes* oder *Apokalypse*) und die Schriften des *Tanach* als *Altes Testament*. Über die Aufnahme führten die bedeutendsten, christlichen Gelehrten, die **Kirchenväter**, eine Diskussion, die etwa bis 350 dauerte. Dafür, dass auch die Schriften des *Tanach* aufgenommen wurden, trat besonders der **Bischof Irenäus von Lyon** (um 135–202) ein, der argumentierte, die Geschichte der Menschheit sei ein **göttlicher Heilsplan**, der mit der Erschaffung der Welt und nicht erst mit Christi Geburt begonnen habe. Es wurden aber auch Texte (z.B. das Jakobus- oder Maria-Evangelium) verworfen, da sie nicht als authentisch galten.

Die Bibel besteht aus vielen Büchern.

AUSWIRKUNGEN

Die Bibel ist die **Heilige Schrift** der Christen. Allerdings herrscht weitgehende Einigkeit, dass sie keine direkte Offenbarung, sondern ein **von Menschen gemachtes Dokument** ist, das der Auslegung (Exegese) bedarf.

37 Die Anfänge des Christentums

Das Christentum breitete sich rasant aus. Doch die ersten drei Jahrhunderte seiner Geschichte blieben von Unsicherheit und Verfolgungen geprägt.

URCHRISTENTUM	Bis ca. 135
DIE SCHLIMMSTEN VERFOLGUNGEN	Unter Kaiser Diokletian (um 240–312), vor allem im Osten des Römischen Reiches
LEGALISIERUNG	Durch das Toleranzedikt von Mailand im Jahr 313

Der Erfolg der frühchristlichen Missionare mutet wie ein Wunder an. Bereits zwischen den Jahren 40 und 50 gab es eine Gemeinde in Rom. Aufgrund von Jesu Verheißung („Das Himmelsreich ist nahe“) gingen die ersten Christen davon aus, dass sich die Wiederkunft Jesu „am letzten Tag“ und das damit verbundene göttliche Gericht noch zu ihren Lebzeiten zutragen werde. Deshalb richteten sie ihr Leben ganz auf diese **Hoffnung** aus, lebten in **Gütergemeinschaft** zusammen und beteten viel. Etwa ab dem Jahr 100 begann man von dieser Naherwartung Abschied zu nehmen und das Leben zu normalisieren. Die Römer verfolgten das Christentum anfangs nicht aktiv. Doch wer angezeigt wurde, musste dem Kaiser opfern oder wurde zum Tode verurteilt. Außerdem gab es immer wieder zeitlich und regional begrenzte **Verfolgungen**. So sollen die Apostel **Petrus** und **Paulus** dem Wüten von **Kaiser Nero** (37–68) zum Opfer gefallen sein. Ab 250 kam es dann zu systematischen Verfolgungen. Das Jahr 313 brachte die Wende. **Kaiser Konstantin** (um 282–337) sagte den Christen **freie Religionsausübung** zu und begann, sie kräftig zu fördern.

Kaiser Konstantin beendete die Verfolgungen der Christen.

AUSWIRKUNGEN

Weniger als 100 Jahre nach der **Legalisierung** war das Römische Reich christlich und das Christentum **Staatsreligion**. Dies änderte jedoch auch den Charakter der Religion und brachte **politische Einmischungen** in Glaubensbelange mit sich.

Die Kirchenväter

38

Die christliche Kirche hatte anfangs keine Leitung. Den Weg wiesen moralische Autoritäten wie die Apostel und die Kirchenväter.

DIE 12 APOSTEL	Simon Petrus, sein Bruder Andreas, Jakobus – der Ältere, sein Bruder Johannes – der Evangelist, Philippus, Bartholomäus, Thomas, Matthäus, Jakobus – der Jüngere, Judas Thaddäus, Simon – der Eiferer, und Judas Iskariot – der Verräter
KIRCHENVATER	Wegweisender Theologe aus den ersten Jahrhunderten der Kirchengeschichte
DIE WICHTIGSTEN KIRCHENVÄTER	In der Westkirche: Ambrosius von Mailand (339–397), Hieronymus (347–420), Augustinus von Hippo (354–430), Papst Gregor der Große (um 540–604); In der Ostkirche: Gregor von Nazianz (um 329–390), Basilius von Caesarea (um 330–379), Johannes Chrysostomos (349–407)

Andreas, Petrus und Jakobus waren drei der zwölf Jünger.

Jesus ernannte **zwölf** seiner Jünger zu **Aposteln** (Gesandten). Als Apostel werden auch andere Führungsgestalten und Missionare der ersten Generation bezeichnet, z.B. Paulus. Ab dem 2. Jahrhundert traten dann die **Bischöfe** in den Vordergrund. Diejenigen von ihnen, die bedeutende theologische Schriften verfassten, werden als **Kirchenväter** bezeichnet. Sie wirkten anfangs nur durch ihre **Autorität**. Nach der Legalisierung des Christentums rief dann **Kaiser Konstantin** im Jahr 325 in Nicäa erstmals eine **Bischofsversammlung** (Konzil oder Synode) ein, die über Streitfragen beriet und entschied.

AUSWIRKUNGEN

Der christliche Glaube wurde nicht nur durch die Inhalte der Bibel geprägt, sondern auch dadurch, wie die Kirchenväter **die Bibel interpretierten**. In den ersten drei Jahrhunderten standen **verschiedene Meinungen** gegeneinander. Erst mit den **Konzilien** wurde eine Instanz ins Leben gerufen, die Entscheidungen traf, was rechtgläubig war und was nicht.

39 Die Dreieinigkeit

Das Christentum glaubt nur an einen Gott. Trotzdem wird er in drei Personen verehrt.

DREIFALTIGKEIT	Gottvater, Gott Sohn und Gott Heiliger Geist
ALTERNATIVNAME	Trinität
DARSTELLUNG	Der Heilige Geist als Taube, Jesus als Mensch, Gottvater oft menschlich, auch als Dreieck mit einem Auge

Jesus bezeichnet sich in den Evangelien als **Menschensohn** und Gott als seinen Vater, der ihm alle **Vollmacht** gegeben habe. Er erklärt auch, er sei im Vater und der Vater in ihm. Außerdem versprach er seinen Anhängern, ihnen den Heiligen Geist als Tröster zu senden. Bereits in den **Paulusbriefen** finden sich dann Formeln wie „Die Gnade Jesu Christi, die Liebe Gottes und die Gemeinschaft des Heiligen Geistes sei bei euch". Im 2. Jahrhundert begann eine Diskussion unter den Kirchenvätern, wie sich Jesus und Gott zueinander verhalten. Manche lehnten die Göttlichkeit Jesu ab, weil sie das als Verstoß am **Monotheismus** empfanden. Heute spricht man von einem **Wesen in drei Personen**. Dies ist jedoch kein völlig neuer Gedanke. Auch in vielen älteren Religionen (z.B. hinduistischen, keltischen) gibt es die Vorstellung, dass Gottheiten mehrere Aspekte (meist drei) besitzen.

Gottvater, Sohn und Heiliger Geist

AUSWIRKUNGEN

Die **Trinitätslehre** war eine der Fragen, um die in der Frühkirche am heftigsten gestritten wurde. Auf dem **Konzil von Nicäa 325** wurde erstmals eine christliche Lehre, der **Arianismus**, als Ketzerei verurteilt, weil er davon ausging, Jesus sei Gott nur wesensähnlich, nicht wesensgleich. Heute gehören die Göttlichkeit von Jesus und das Wirken Gottes im Heiligen Geist selbstverständlich zum christlichen Glauben, ohne dass sich die meisten Christen über eine genaue Definition Gedanken machen.

Das Jüngste Gericht

40

Die Evangelien lehren, dass Gott am Ende der Tage über alle Menschen richten wird. Die Guten werden in Gottes Reich eingehen, die Bösen in ewiges Feuer geworfen.

ANKÜNDIGUNG	Durch Jesus im Matthäusevangelium, Kapitel 25, Vers 31–46
DIE VERURTEILTEN	Jene, die Hungernde nicht speisten, Durstigen nicht zu trinken gaben, Fremde nicht beherbergten, Nackte nicht kleideten, Kranke und Eingekerkerte nicht besuchten
FEGEFEUER	Ein Ort zeitlicher Verdammnis, in dem die Seelen von ihrer Schuld gereinigt werden

Erst etwa im 3. Jahrhundert v. Chr. kamen im Judentum Vorstellungen von einem **Endgericht** und einer **Hölle** auf. Ein solches Gericht kündigt auch Jesus an. Dies steht aber in Gegensatz zu dem Gottesbild vom liebenden Vater, der nicht ruht, bis jeder Verlorene gerettet ist, was sich ebenfalls in den Evangelien findet. Bereits unter den Kirchenvätern wurde lebhaft darüber diskutiert. So vertraten einige die Vorstellung, dass letztendlich alle Seelen gerettet würden, da alles andere mit der grenzenlosen Güte Gottes nicht vereinbar sei. 553 wurde diese Lehre der **Allaussöhnung** jedoch von einem Konzil als ketzerisch verurteilt. **Papst Gregor der Große** (um 540–604) brachte dann die Vorstellung vom Fegefeuer auf, in dem nicht allzu schwere Sünden gebüßt werden können.

AUSWIRKUNGEN

Die Angst vor dem Verlust des ewigen Seelenheils und den **Strafen der Hölle** überschattete große Teile der christlichen Geschichte. Da **Paulus** den Glauben als wesentlich für die Errettung ansah, meinte man, Menschen durch den **Zwang zum Glauben** retten zu können. Heute wird im Christentum offiziell zwar immer noch von der **Existenz der Hölle** ausgegangen. Vorherrschend sind aber die Vorstellung von einer **Reinigung der Seelen** und der **Versöhnung mit Gott** nach dem Tod.

Das Jüngste Gericht entscheidet über den Aufenthalt im Himmel oder in der Hölle.

41 HEILIGENVEREHRUNG

Die Heiligenverehrung spielte in der christlichen Kirche traditionell eine große Rolle. Sie hat jedoch auch scharfe Kritiker.

HEILIGER	Besonders verehrungswürdiger Gläubiger
PROZESS	Offizielle Heiligsprechung in der katholischen Kirche nach einem langwierigen Verfahren
WIE VIELE?	Nach dem *Martyrologium Romanum* derzeit 6650 Heilige und Selige

Die Opfer der großen **Christenverfolgungen** wurden schon sehr bald als **Heilige** verehrt, da sie den Tod mit einem Opfer an den **römischen Kaiser** hätten vermeiden können. Wie bei anderen Verstorbenen auch suchte man an ihrem Todestag ihre Gräber auf. Später überführte man ihre Gebeine in die Kirchen, woraus sich der Brauch der **Reliquienverehrung** entwickelte. Im 9. oder 10. Jahrhundert gab es dann die ersten formellen **Heiligsprechungen**. Im Mittelalter entwickelte sich daraus ein **exzessiver Kult**. Heilige wurden nicht nur verehrt, sondern angebetet, als Mittler zwischen Mensch und Gott gesehen, zum Nothelfer bei bestimmten Leiden erklärt, ihr Leben mit **Legenden** ausgeschmückt, ihren Reliquien **magische Kräfte** zugeschrieben. Vieles davon ist deutlich in alten, vorchristlichen Glaubensvorstellungen verwurzelt. Eine überragende Rolle unter den Heiligen nahm ab dem 12. Jahrhundert **Maria**, die Mutter Jesu, ein.

Die heilige Maria

AUSWIRKUNGEN

Martin Luther (1483–1546) und andere **Reformatoren** verurteilten den Heiligenkult aufs Schärfste, da der Mensch keinen Mittler zu Gott brauche. Dennoch ist die Heiligenverehrung immer noch fester Bestandteil der **Volksfrömmigkeit**. Die meisten Heiliggesprochenen der Neuzeit konnten jedoch nicht die Popularität traditioneller Heiliger erlangen. In manchen Fällen (etwa Papst Pius IX., Papst Pius XII., Josemaria Escriva) gab es sogar heftige **Kritik**.

DIE ETABLIERUNG DES CHRISTENTUMS

42

313 wurde das Christentum staatlich anerkannt. Dadurch veränderte sich aber auch sein Charakter.

ERSTER CHRISTLICHER STAAT	Armenien im Jahr 301
STAATSRELIGION	Ab 380 im Römischen Reich durch ein Verbot aller anderen Religionen mit Ausnahme des Judentums
DEUTSCHLAND	Taufe des Frankenkönigs Chlodwig um 500, danach sukzessive Christianisierung im ganzen Reich

Das Jahr 313 wird in der Geschichte des Christentums auch als **Konstantinische Wende** bezeichnet, so fundamental änderten sich plötzlich die Zustände. Während vor Kurzem noch das Martyrium drohte, wenn man sich zum Christentum bekannte, war es ab 313 nützlich, Christ zu werden, um Karriere zu machen. Das Christentum wurde Staatskult und 380 **Staatsreligion**. Dies führte aber auch dazu, dass sich die Kaiser in religiöse Belange einmischten und staatstragende Elemente förderten. **Justinian I.** (ca. 482–565) schließlich sah sich als von Gott eingesetzter Herrscher und damit auch als **Haupt der Kirche** an. Auch in Westeuropa förderten der **Frankenkönig Chlodwig** (466–511) und seine Nachfolger das Christentum, um in ihrem Reich, das sich aus vielen eroberten Stämmen mit unterschiedlichen Kulturen zusammensetzte, eine einigende Klammer zu schaffen.

Der Frankenkönig Chlodwig förderte das Christentum.

AUSWIRKUNGEN

Die Rolle einer **Staatskirche**, die das Christentum ab dem 4. Jahrhundert zu spielen begann, stand in scharfem **Kontrast** zu der Geringschätzung alles Weltlichen gegenüber dem ewigen Leben, wie Jesus gelehrt hatte. Viele Kritiker meinen, das Christentum habe 313 seine „Unschuld" verloren. Andererseits begünstigte die staatliche Förderung die **Etablierung** und Ausbreitung des neuen Glaubens massiv.

43 DAS PAPSTTUM

Das Oberhaupt der katholischen Kirche ist der Papst. In keiner Weltreligion gibt es eine vergleichbare Machtposition.

BEDEUTUNG	Papst = Vater; alter Ehrentitel für kirchliche Würdenträger, der von Gregor dem Großen (reg. 590–604) für den Bischof von Rom reserviert wurde
WIE VIELE?	Benedikt XVI. (Joseph Ratzinger, *1927) ist der 265. Papst.
UNFEHLBARKEIT	Nur Entscheidungen mit der Formel „ex cathedra" verkündet, sind unfehlbar.

Die Bibel erzählt, dass Jesus seinen Jünger Simon als **Petrus, den Felsen**, bezeichnete, auf den er seine Kirche bauen wolle. Der Überlieferung nach war Petrus der **erste Bischof von Rom** und damit der **erste Papst**. Sicher ist, dass die Bischöfe der Gemeinde in Rom von Anfang an eine herausragende Stellung in der christlichen Kirche einnahmen. Wichtige religiöse Fragen wurden aber auf **Synoden** von allen Bischöfen entschieden und die christlichen Herrscher ließen sich in die Belange ihrer Landeskirchen kaum hineinreden. Im 11. Jahrhundert forderte **Gregor VII.** (reg. 1073–85) jedoch die absolute **Vollmacht** in allen kirchlichen Belangen für das Papsttum und bannte **Kaiser Heinrich IV.** (1050–1106), der sich ihm widersetzte.

Gregor VII. forderte als Papst die absolute Vollmacht.

AUSWIRKUNGEN

Den Päpsten des Mittelalters gelang es, sich als einzige **oberste Autorität der katholischen Kirche** durchzusetzen. Sie führten die Wahl des Papstes durch **Kardinäle** ein, die wiederum allein von den Päpsten ernannt wurden. Doch sie machten sich auch angreifbar. Die **Kritik Martin Luthers** an den Päpsten führte im 16. Jahrhundert zur **Abspaltung der Protestanten**. In der katholischen Kirche hält der Papst weiterhin seine absolute Stellung, jedoch entscheiden die meisten Gläubigen in der Praxis anhand ihres eigenen Gewissens.

DIE ORTHODOXEN KIRCHEN 44

Die lateinische Westkirche und die griechischsprachige Ostkirche sind schon früh getrennte Wege gegangen. Im Mittelalter kam es zum endgültigen Bruch.

BEDEUTUNG	Griech. orthodox = richtig bzw. rechtgläubig
DEFINITION	Gewöhnlich eine Kirche mit byzantinischem Ritus, auch altorientalische Kirchen
WANN?	Im Jahr 1054, als sich ein Gesandter des Papstes und der Patriarch von Konstantinopel gegenseitig exkommunzierten

Spätestens im 5. Jahrhundert waren die theologischen Vorstellungen innerhalb der christlichen Kirche nicht mehr unter einen Hut zu bringen. Zunächst spalteten sich die **altorientalischen Kirchen** ab (ägyptische Kopten, Syrer, Äthiopier, Armenier und Inder). Dabei ging es sowohl um unterschiedliche Vorstellungen über die Natur Christi als auch um **politische Gegensätze** zum oströmischen Kaisertum. Die mit dem Kaiser eng verbundene **griechische Ostkirche** und die **lateinischsprachige Westkirche** begannen ebenfalls sich auseinanderzuentwickeln. Neben theologische Streitigkeiten und die trennende Sprache traten ein immer unterschiedlicher werdender Ritus und spätestens mit der **Krönung Karls des Großen** durch den Papst im Jahr 800 auch der politische Gegensatz zwischen den beiden Kaiserreichen des Westens und Ostens.

Papst Leo III. krönt Karl den Großen.

AUSWIRKUNGEN

Die orthodoxen Kirchen sind heute nach Katholiken und Protestanten die **drittgrößte christliche Glaubensgruppe**. Sie sind in Landeskirchen organisiert, von denen das griechischsprachige **Patriarchat von Konstantinopel** die bedeutendste ist, verstehen sich aber als **Einheit**. Von den „kanonischen orthodoxen Kirchen" spalteten sich wiederum kleinere Kirchen ab, darunter die mit Rom unierten, die zwar den **byzantinischen Ritus** pflegen, aber den Papst als Oberhaupt anerkennen.

45 Das Mönchtum

Mönche und Nonnen widmen ihr Leben ganz Gott. Trotzdem gingen von Klöstern bedeutende Impulse aus.

DEFINITION	Jemand, der aus religiösen Gründen auf weltliche Dinge wie Besitz, Familie und Sexualität verzichtet und ganz nach seinem Glauben lebt. Das weibliche Pendant ist die Nonne.
GELÜBDE	Armut, Keuschheit und Gehorsam
WICHTIGE ORDEN	Benediktiner, Franziskaner, Dominikaner, Jesuiten

Spätestens zu Beginn des 4. Jahrhunderts bildeten sich die ersten christlichen **Mönchsgemeinschaften**. Für die Westkirche besitzt **Benedikt von Nursia** (ca. 480–547) eine besondere Bedeutung, der eine Regel entwarf, nach der die Mönche nicht nur beten (und von Almosen leben), sondern auch arbeiten sollten. **Klöster** spielten im Europa zwischen Antike und Mittelalter eine große zivilisatorische Rolle. Außerdem gingen von ihnen immer wieder religiöse, reformatorische Impulse aus, etwa durch die Bettelorden, die die **Ideale des Evangeliums** wie radikale Nächstenliebe und Verachtung von Besitz und Macht anmahnten. Während das orthodoxe Mönchtum sich weiterhin auf Religion und Gebet konzentrierte, entstanden im Westen immer mehr spezialisierte, nach außen wirkende **Gemeinschaften** wie Missionsorden, Schulorden oder karitative Orden.

Ein Franziskanermönch

AUSWIRKUNGEN

Die Orden spielten häufig eine religiöse und gesellschaftliche **Vorreiterrolle**, etwa im karitativen Bereich, doch immer wieder auch eine unrühmliche Rolle, so bei der **Ketzerverfolgung**, der Heidenmission oder einer für die Schützlinge traumatischen **Heimerziehung**. Heute haben beinahe alle Orden **Nachwuchsprobleme**. Andererseits bildeten sich auch innerhalb der protestantischen Kirche, die das Mönchtum eigentlich abschaffte, wieder ordensähnliche Gemeinschaften.

Franz von Assisi begründete den Orden der Minderen Brüder, *aus dem die heutigen Franziskaner hervorgingen.*

Die Ketzer

46

Die Geschichte der christlichen Kirche ist auch geprägt von der Frage, was richtiger und was falscher Glaube ist. Ein Kampf, der zuweilen schreckliche Züge annahm.

BEDEUTUNG	Von der Sekte der Katharer abgeleitet; ersetzte das ältere Wort Häretiker
BESTRAFUNG	Exkommunikation, der Ausschluss von der Eucharistie
ENDE DER VERFOLGUNG	Letzte Hinrichtung: Giordano Bruno (1548–1600)

Die Entscheidung, welcher Glaube richtig und welcher falsch ist, wurde zu Beginn auf **Bischofskonzilen** getroffen. Anhänger der als häretisch verurteilten Lehren wurden **exkommuniziert**. Nur in Ausnahmefällen kam es zu staatlichen Verfolgungen. Die Lage verschärfte sich, als die Päpste ab dem 11. Jahrhundert im Kampf um die absolute Macht auf die **Angst** der Menschen vor dem Verlust des ewigen Seelenheils setzten. In der Folge bildeten sich religiöse **Massenbewegungen** wie die **Katharer**, die die etablierte Kirche ablehnten, weil auch diese nicht evangeliengemäß lebte. Dies führte zu massiven Reaktionen von weltlicher und kirchlicher Seite. Die Katharer wurden militärisch ausgerottet und gegen Ketzer verhängte Kaiser Friedrich II. 1224 die **Todesstrafe**. Während die Kirche früher nur diejenigen exkommunizierte, die sich ausdrücklich zu einer häretischen Lehre bekannten, begann man nun „versteckte“ Ketzer aufzuspüren, oft genug mittels exzessiver **Folter**. Die Angst vor geheimen, bösen Kräften führte auch dazu, dass die Kirche ihre bisherige Position aufgab, dass Hexenglaube heidnischer Unsinn sei, und stattdessen eine führende Rolle bei der **Hexenverfolgung** einnahm.

Kaiser Friedrich verhängte 1224 die Todesstrafe gegen Ketzer.

AUSWIRKUNGEN

Die Ketzerverfolgung gehört zu den düstersten Kapiteln der christlichen Kirchengeschichte, zusammen mit dem – einem ähnlichen Geist entspringenden – Kampf gegen die „Ungläubigen“ in Form von **Kreuzzügen** und **Zwangsmissionierungen**.

47 Die Reformation

1517 veröffentlichte ein Mönch namens Martin Luther in Wittenberg 95 Thesen. Eigentlich ging es nur um den Ablasshandel. Doch sie wirkten wie ein Fanal.

BEDEUTUNG	Lat. reformatio = Erneuerung
LUTHERS LEBENSZEIT	1483–1546
LUTHERS WICHTIGSTE SCHRIFTEN	*An den christlichen Adel deutscher Nation, Von der babylonischen Gefangenschaft der Kirche, Von der Freiheit eines Christenmenschen* und die Übersetzung der Bibel ins Deutsche

Im Grunde genommen begannen die **Protest- und Reformbewegungen** innerhalb der Kirche im 11. Jahrhundert, konnten aber teils integriert werden wie die **Bettelmönche**, oder niedergekämpft wie die Reformbestrebungen des **John Wyclif** (ca. 1330–84) und des **Jan Hus** (ca. 1370–1415). Anstoß erweckten vor allem der Reichtum der Kirche, ihr Streben nach weltlicher Macht, das unmoralische Leben ihrer Repräsentanten, Glaubensvorstellungen, die nicht auf dem Evangelium beruhten, Bilder-, Heiligen- und Reliquienverehrung und der Zölibat.

Zu Beginn des 16. Jahrhunderts forcierte **Papst Leo X.** (1475–1521) den **Ablasshandel**. Gläubige konnten nicht nur einen Ablass ihrer Sünden kaufen, sondern auch einen für zukünftige Sünden und die Sünden bereits Verstorbener. Reue war dafür nicht nötig. Der Wittenberger **Theologe Martin Luther** dagegen war als junger Augustinermönch zu der Überzeugung gekommen, dass der Mensch nicht durch gute Taten, sondern allein durch das **Vertrauen auf Gottes Gnade** gerettet werden kann. Ihn erboste das unwürdige Geschacher derart, dass er **95** fulminante **Thesen** aufschrieb und veröffentlichte. Damit erregte er einen Sturm der **Begeisterung**. Vor einer Verfolgung durch Papst und Kaiser schützte ihn der sächsische Kurfürst **Friedrich der Weise** (1463–1525). Nach und nach traten mehrere deutsche Fürsten zum Protestantismus über. Da **Kaiser Karl V.** (1500–58) jedoch auf deren Unterstützung für seine Politik angewiesen war, konnte er nicht

Martin Luther war der Begründer der Reformation.

gegen sie vorgehen. 1555 stimmte er schließlich dem **Augsburger Religionsfrieden** zu, der beide Konfessionen erlaubte.

AUSWIRKUNGEN

Martin Luther hatte eigentlich nicht die Absicht, eine neue Kirche zu gründen, sondern wollte mittels einer **öffentlichen Auseinandersetzung** Missstände korrigieren. Die Weigerung der Gegenseite, sich auf eine Diskussion einzulassen, führte dazu, dass auch Luther eine immer umfassendere **Kritik an der katholischen Kirche** übte. Als er schließlich wegen der über ihn verhängten **Reichsacht** auf der Wartburg in Schutzhaft saß, trieben verschiedene deutsche Landesfürsten die Reformation voran, indem sie **Landeskirchen** aufbauten, die ihnen und nicht dem Papst unterstanden. Neben der **evangelisch-lutherischen Kirche** entstanden weitere protestantische Kirchen und Glaubensbewegungen, darunter die teils sehr radikale und schwärmerische **Täuferbewegung**, die von Luther selbst bekämpft wurde. Trotzdem hat auch sie ihre Wurzeln im Protest Martin Luthers im Jahr 1517.

Luther bei der Verbrennung der Bulle *und anderer Dokumente in Wittenberg*

ZEITTAFEL DER REFORMATION

- 31. Oktober 1517: Veröffentlichung der Thesen in Wittenberg
- 12.–14. Oktober 1518: Verhör Luthers auf dem Reichstag in Augsburg durch den päpstlichen Legaten, Flucht Luthers
- 2. Januar 1521: Exkommunikation Luthers durch den Papst
- 30. April 1521: Bannung Luthers durch den Kaiser auf dem Reichstag in Worms
- Mai 1521–März 1522: Schutzhaft Luthers auf der Wartburg, Übersetzung der Bibel
- 1530: *Augsburger Bekenntnis* der protestantischen Fürsten auf dem Reichstag vor dem Kaiser
- 1546–47: schmalkaldischer Krieg zwischen den protestantischen Fürsten und dem Kaiser
- 25. September 1555: Augsburger Religionsfrieden

48 Der Protestantismus

Die Lutheraner stellen heute nur einen Teil der Protestanten dar. Deren Spektrum ist sehr bunt, besitzt aber auch Gemeinsamkeiten.

WORTHERKUNFT	Abgeleitet vom „Protest", den 14 Städte und 6 Fürsten 1529 auf dem Reichstag von Speyer gegen die Ächtung Luthers einlegten
WER?	Lutheraner: Martin Luther; Reformierte: Ulrich Zwingli (1484–1531), Johannes Calvin (1509–64); Anglikaner: König Heinrich VIII. (1491–1547)
MITGLIEDER	Lutheraner, reformierte Kirchen, Anglikaner und diverse Freikirchen

Im Gegensatz zu den Katholiken akzeptieren die Protestanten nur die **Bibel**, nicht auch die kirchlichen Traditionen als Basis ihres Glaubens. Deswegen wurden etwa ein Teil der Sakramente, der Zölibat, die Heiligenverehrung und inzwischen auch der Ausschluss der Frauen vom Pfarramt abgeschafft. Heilige können als Vorbilder gelten, jedoch darf man von ihnen kein Heil erwarten. Auch der Mensch kann nicht selbst – etwa durch gute Taten – seine Erlösung bewirken, sondern ist auf die **Gnade Gottes** angewiesen. Die reformierten Kirchen sind zudem – teils mehr, teils weniger – von der **Lehre Calvins** geprägt, die besagt, dass vorbestimmt sei, ob ein Mensch erlöst werde oder nicht. Daran könne er durch sein Tun nichts ändern. Trotzdem pflegen gerade viele Calvinisten eine strenge **Arbeitsethik**, um sich selbst davon zu überzeugen, dass sie zu den Erwählten gehören.

Johannes Calvin

AUSWIRKUNGEN

Durch ihre **landeskirchlichen Strukturen** setzen sich lutherischer, reformierter und anglikanischer Protestantismus aus mehreren einzelnen Kirchen zusammen, zwischen denen durchaus Unterschiede bestehen. Besonders ausgeprägt ist das bei den Anglikanern, die sich teilweise fast gar nicht von den Katholiken unterscheiden. Zwischen lutherischen und reformierten Christen besteht inzwischen trotz aller Unterschiede **Kanzel- und Abendmahlsgemeinschaft**.

Christliche Freikirchen

Seit der Reformation sind auch viele kleinere Kirchen entstanden. Sie sind heute die am stärksten wachsenden christlichen Gemeinschaften.

DEFINITION	Eine Kirche, die auch vor der Trennung von Staat und Kirche (in Deutschland 1919) nie Staatskirche war
FREIKIRCHEN	Baptisten, Mennoniten, Methodisten, Adventisten, Pfingstler
EVANGELIKAL	Merkmal vieler Freikirchen: der Glaube, dass in den Evangelien bzw. der Bibel keine Irrtümer enthalten sind; auch innerhalb der großen Kirchen anzutreffen

Zu den ältesten Freikirchen gehören die **Mennoniten** (ab 1544) und **Baptisten** (ab 1609), die die Säuglingstaufe ablehnen. Auch viele andere gehen davon aus, dass ein Christ „wiedergeboren" werden muss. Er soll sich als Erwachsener aufgrund eines Erweckungserlebnisses bewusst für den Glauben entscheiden. Gläubige werden dazu angehalten, eine intensive, persönliche Beziehung zu Jesus aufzubauen oder den Heiligen Geist in sich wirken zu spüren. Teilweise spielen Priester eine geringere Rolle, da man von der Priesterschaft jedes Gläubigen ausgeht, teilweise stehen **charismatische Prediger** an der Spitze. Die **Autorität der Bibel** wird meist sehr hoch angesetzt. Manche gehen sogar davon aus, dass die Inhalte buchstabengetreu wahr sind. Dies führt leicht zu dem Bewusstsein, im Besitz der **einzigen Wahrheit** zu sein.

Baptisten lehnen die Säuglingstaufe ab.

AUSWIRKUNGEN

Freikirchen spielen in **Nordamerika** traditionell eine starke Rolle, breiten sich aber auch in **Südamerika** und **Afrika** rasant aus. Politisch und gesellschaftlich sind sie meist **konservativ**, teilweise sogar **fundamentalistisch** eingestellt. Eine Ausnahme sind die Altkatholiken, die sich 1870 von der katholischen Kirche trennten, weil sie das Unfehlbarkeitsdogma ablehnten.

50 DIE SAKRAMENTE

Zu den wichtigsten Geheimnissen des christlichen Glaubens gehören die Sakramente. In ihnen soll Gott wirksam werden.

BEDEUTUNG	Lat. sacramentum = Mittel zum Heil
DIE SIEBEN SAKRAMENTE	Taufe, Firmung, Eucharistie, Vergebung der Sünden, Krankensalbung, Priesterweihe, Eheschließung
UNTERSCHIEDE NACH KONFESSIONEN	Katholiken, Orthodoxe: sieben Sakramente; Protestanten: Taufe und Eucharistie, da nur die in den Evangelien wurzeln, Bußsakrament teils umstritten

Ein Sakrament ist nach christlicher Vorstellung eine Art **heiliger Automatismus**. Durch das Vollziehen des Ritus wird eine verlässliche **Reaktion Gottes** wie die Wandlung von Brot und Wein oder die Vergebung der Sünden bewirkt. Dies geht auf die Worte Jesu zurück, der seinen Jüngern die **Vollmacht** gab, Sünden zu vergeben. Diese Vollmacht, so die traditionelle Vorstellung, wird in der **Priesterweihe** – die ja auch ein Sakrament ist – immer weitergegeben. Deshalb können nur Priester Sakramente spenden.

AUSWIRKUNGEN

Die verlässliche Wirkung von Sakramenten wird als Geschenk Gottes an die Menschen verstanden. Andererseits wurde die **Abhängigkeit** von ihnen zum Problem. So herrschte früher die Auffassung, dass ungetaufte Menschen und verstorbene Neugeborene nicht zum ewigen Leben gelangen können. Außerdem ist es für die katholische und orthodoxe Kirche ein Problem, dass sich die **Weihe** protestantischer Priester (teilweise) nicht auf die Apostel zurückführen lässt, die Weitergabe der Vollmacht (Sukzession) also unterbrochen wurde. Inzwischen geht man in der Regel davon aus, dass es Gott freisteht, auch außerhalb der Sakramente Heil zu spenden. In der **reformierten Kirche** werden die Sakramente nur als symbolische Handlungen gesehen.

Die Eheschließung gehört zu den Sakramenten.

Die Priester

51

Das Christentum unterscheidet zwischen Priestern und Laien. Viele religiöse Handlungen, aber auch leitende Funktionen sind allein den Priestern vorbehalten.

BEDEUTUNG	Abgeleitet von dem griech. Begriff presbyteros = Ältester
WEG	Entsprechende Ausbildung und Weihe bzw. Ordination (Protestanten)
VORAUSSETZUNG	In der katholischen und orthodoxen Kirche nur Männer, in den meisten protestantischen auch Frauen. Die katholische Kirche verlangt, dass ihre Priester ehelos (im Zölibat) leben.

Ob auch im Urchristentum Gemeindeleiter (Presbyter) schon als Priester gesehen wurden, ist ungewiss. Nach katholischem und orthodoxem Verständnis jedoch haben die Apostel die **Vollmacht**, Sakramente zu bewirken, von Anfang an durch die **Priesterweihe** weitergegeben. Deshalb sind alle Priester mit Kräften ausgestattet, die Laien nicht besitzen. Nach protestantischer Vorstellung dagegen wird jeder Pfarrer bei seiner **Ordination** von Christus (und nicht demjenigen, der ihn weiht) befähigt, zu lehren und die Sakramente zu spenden. Der Begriff **Priester** wird deshalb teilweise auch abgelehnt. In allen Konfessionen aber sind die Priester/Pfarrer die Leiter der Gemeinden und spenden allein die Sakramente.

Nur Priester oder Pfarrer dürfen die Sakramente spenden.

AUSWIRKUNGEN

In den katholischen und orthodoxen Kirchen gibt es eine scharfe **Trennung** zwischen Priesterschaft und Laien, da auch die gesamte kirchliche Hierarchie aus Priestern besteht und Gemeindepfarrer von der Kirchenleitung bestimmt werden. **Laiengremien** wie etwa das **Zentralkomitee der deutschen Katholiken** haben nur beratende Funktionen. Dies führt bei vielen Laien zu **Unzufriedenheit**. Die protestantischen Gemeinden dagegen wählen Pfarrer und in der Kirchenleitung sind auch Laien vertreten.

52 Christliches Leben

Mit der Taufe wird ein Kind in die christliche Gemeinschaft aufgenommen. Darauf folgen weitere religiöse Feste.

WICHTIGE FESTE	Taufe, Erstkommunion und Firmung bzw. Konfirmation (Protestanten), Eheschließung
FIRMUNG	Stärkung durch den Heiligen Geist. In der orthodoxen Kirche gleich nach der Taufe, in der katholischen mit etwa 12–16 Jahren
KONFIRMATION	Der Firmung ähnlich, aber kein Sakrament, mit etwa 14 Jahren

Obwohl man heute nicht mehr davon ausgeht, dass ungetaufte Kinder nicht erlöst werden, lassen die meisten Eltern ihre Säuglinge recht bald taufen. Einige Kirchen praktizieren allerdings die **Erwachsenentaufe**. Christen in der katholischen und den protestantischen Kirchen erneuern als Jugendliche ihr Taufversprechen und gelten fortan im religiösen Sinne als Erwachsene. In den protestantischen Kirchen wird diese Mündigkeit im Rahmen der **Konfirmation** gefeiert, in den katholischen durch die **Firmung**. Dem geht in der katholischen Kirche die Feier der **Erstkommunion** mit etwa acht Jahren voraus, die als noch bedeutsamer angesehen wird.

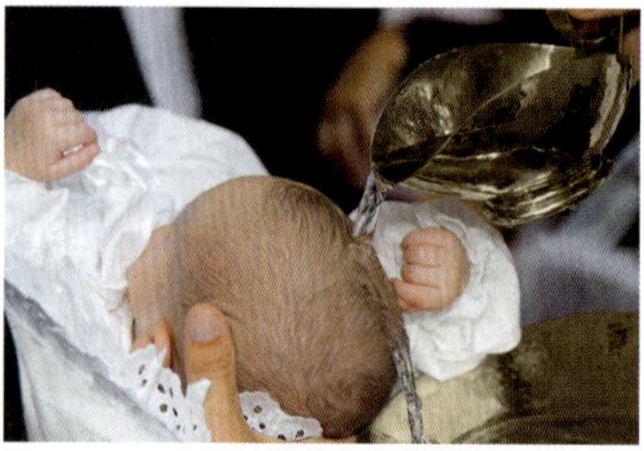

Nach der Taufe folgt meist Konfirmation bzw. Kommunion.

Die kirchliche Eheschließung wird in der katholischen und orthodoxen Kirche als Sakrament gesehen. In den protestantischen Kirchen ist sie nur ein **Segensakt**. Geschiedene dürfen in der katholischen Kirche nicht wieder kirchlich heiraten, in den anderen Kirchen schon. Konfessionell verschiedene Ehen sind inzwischen möglich.

AUSWIRKUNGEN

Die persönlichen religiösen Feste sind für die meisten Christen immer noch sehr wichtig. Allerdings beklagen die Kirchen in den Industrieländern, dass das **Interesse der Jugendlichen** an der Religion nach Konfirmation bzw. Firmung oft abreißt und erst wieder mit der Heirat und der Geburt eigener Kinder bzw. in Lebenskrisen geweckt wird.

Christliche Feste

53

Ostern und Weihnachten spielen nicht nur im Leben von gläubigen Christen eine große Rolle. Doch viele wissen gar nicht mehr, was gefeiert wird.

WICHTIGSTE FESTE	Weihnachten, Ostern, Pfingsten
WEITERE FESTE	St. Nikolaus (6.12.), Dreikönig (6.1.), Christi Himmelfahrt (39 Tage nach Ostern), Allerheiligen (1.11.), St. Martin (11.11.)
PROTESTANTISCHE FESTTAGE	Reformationstag (31.10.), Buß- und Bettag (Mittwoch vor dem 23.11.), Totensonntag (letzter Sonntag vor dem Advent)

Das christliche Kirchenjahr beginnt mit dem ersten **Adventssonntag**. Der Advent ist eine vierwöchige **Fasten- und Vorbereitungszeit** auf Weihnachten. Am 25. Dezember wird es dann gefeiert. Die Feiern beginnen jedoch am 24. Dezember (Heiligabend) gemäß der **jüdischen Tradition**, dass Feiertage immer am Vorabend beginnen. An Weihnachten wird die Tatsache gefeiert, dass Gott durch die Geburt Jesu Mensch geworden ist. Theologisch noch größere Bedeutung hat aber, dass er für die Menschen gestorben ist. Deshalb ist **Ostern** das wichtigere Fest. Es wird durch eine siebenwöchige Fastenzeit eingeleitet. Am **Palmsonntag**, dem Sonntag vor Ostern, wird Jesu Einzug nach Jerusalem gefeiert, am **Gründonnerstag** die Erinnerung an das letzte Abendmahl, am Karfreitag die Kreuzigung und am Ostersonntag die Auferstehung. Das dritte wichtige Kirchenfest ist **Pfingsten**, das sieben Wochen nach Ostern gefeiert wird. An diesem Tag soll Gott den **Heiligen Geist** auf die Erde gesandt haben, um seine Anhänger zu stärken.

An Weihnachten feiern Christen die Geburt Jesu.

Auswirkungen

Rund um die christlichen Feste entwickelte sich im Laufe der Zeit ein reiches **Brauchtum**, das den eigentlichen Inhalt zu verdecken droht. Dies ist jedoch keine neuere Entwicklung.

54 CHRISTLICHE SYMBOLE

Die ersten Christen nutzten Symbole, um einander gefahrlos zu erkennen. Aber auch heute spielen Symbole noch eine wichtige Rolle.

WICHTIGSTES SYMBOL	Kreuz
WANN?	325 fand Helena, die Mutter von Kaiser Konstantin, angeblich das Kreuz Christi.
SYMBOLE DER EVANGELISTEN	Matthäus = Mensch, Markus = Löwe, Lukas = Stier, Johannes = Adler

Für viele Andersgläubige ist es befremdlich, dass ausgerechnet ein **Marterinstrument** wie das **Kreuz** zu DEM christlichen Symbol schlechthin werden konnte. Doch das Kreuz steht für die **Erlösung** durch Christus und damit für den wichtigsten Aspekt des Glaubens. In jeder Kirche muss sich deshalb über oder auf dem Altar ein Kreuz befinden. Schon im Urchristentum malten sich die Gläubigen Kreuzzeichen auf die Stirn. Im 8. Jahrhundert gingen sie dann dazu über, Stirn, Schultern und Brust kreuzförmig zu berühren. Neben dem Kreuz verwendeten die ersten Christen vor allem das **Christusmonogramm** aus den griechischen Buchstaben Chi und Rho sowie den Fisch. Denn im Griechischen ergeben die Anfangsbuchstaben der Formel „Jesus Christus, Gottes Sohn, Erlöser" das Wort **Fisch**. Auch die meisten Heiligen werden mit **Symbolen** dargestellt, an denen man sie erkennen kann, etwa die Evangelisten oder Jakobus der Ältere mit der Jakobsmuschel, Petrus mit den Himmelsschlüsseln, Paulus mit Stirnglatze und Buch etc.

Das Kreuz ist das wichtigste Symbol des Christentums.

AUSWIRKUNGEN

Das Kreuz ist nach wie vor DAS Symbol des Christentums. Das führt auch zu **Auseinandersetzungen**, da mit dem öffentlichen Zeigen von Kreuzen nach Meinung vieler Menschen die staatliche Neutralität verletzt wird. Die Kenntnis anderer Symbole ist wichtig, um christliche Kunst zu verstehen.

GRUNDLAGEN DER MUSLIMISCHEN THEOLOGIE

55

Islam bedeutet Hingabe an Gott. Dies ist auch der wichtigste Aspekt des muslimischen Glaubens.

WER?	Mohammed
WANN?	Ca. 622 (Beginn der islamischen Zeitrechnung) in Medina
WIE VIELE?	Ca. 1,2–1,5 Mrd. Menschen

Medina ist die zweite heilige Stadt nach Mekka.

Das islamische Glaubensbekenntnis lautet: „Ich bezeuge, dass es keine Gottheit außer Gott (Allah) gibt und dass **Mohammed** der Gesandte Gottes ist.“ Nach eigenem Selbstverständnis ist der Islam nicht durch Mohammed ins Leben gerufen worden, sondern besteht seit Adam. Mohammed gilt – nach den bedeutenden Figuren des *Alten Testaments* und Jesus – nur als letzter der **Propheten**. Seine Lehre wird jedoch als die letztgültige **Offenbarung Gottes** gesehen. Auch der Islam glaubt an ein **Jüngstes Gericht**, das die Menschen auf Paradies und Hölle verteilt. Bei diesem Gericht kann Gott alle Sünden vergeben, außer mangelnden Glauben. **Märtyrer** und Propheten kommen sofort ins **Paradies**. Seinen Glauben bezeugt der Muslim, indem er die islamischen Gesetze (Scharia) befolgt. Die wichtigsten fünf, auch als **Säulen des Islam** bezeichnet, sind: das Glaubensbekenntnis, fünfmaliges Beten pro Tag, das Almosengeben, Fasten im Ramadan und ein Mal im Leben eine Pilgerfahrt nach Mekka zu unternehmen.

AUSWIRKUNGEN

Der strenge Monotheismus des Islam macht **Toleranz** gegenüber Andersgläubigen zum Problem. Anhänger polytheistischer Religionen und Atheisten werden seiner Lehre nach zwangsläufig in der **Hölle** landen. Das Verhältnis zu Christen und Juden war schon bei Mohammed zwiespältig. Ihnen wurde vorgeworfen, die ursprünglich gemeinsame Religion zu verfälschen. Teilweise werden sie auch als **Ungläubige** bezeichnet.

56 MOHAMMED

Auf die Lehre und das Beispiel von Mohammed lässt sich der ganze Islam zurückführen.

WANN?	Ca. 570–632
WO?	Heutiges Saudi-Arabien, vor allem Mekka und Medina
FAMILIE	Mindestens neun Frauen und mehrere Konkubinen, von denen jedoch nur Chadidscha und Aischa eine größere Rolle spielten, alle Söhne im Kindesalter gestorben, Enkel nur durch Tochter Fatima

Mohammed wuchs als **Waisenjunge** bei Verwandten in **Mekka** auf, kam um 595 aber durch die Heirat mit **Chadidscha**, einer Kaufmannswitwe, zu Wohlstand. Um 610 soll ihm zum ersten Mal der **Erzengel Gabriel** erschienen sein. Dieser übermittelte ihm **Botschaften Gottes**, die Mohammed dann öffentlich verkündete. Als er begann, Polytheismus und Bilderverehrung anzuprangern, kam es zu heftigem **Widerstand**, der Mohammed 622 zwang, mit seinen Anhängern in die Stadt Yathrib, seitdem **Medina** genannt, zu fliehen. Dort gelang es ihm, eine so **schlagkräftige Gefolgschaft** zu formieren, dass er nach und nach die Region unter seine Kontrolle brachte und 530 schließlich Mekka erobern konnte. Mohammed formte aus allen Muslimen eine Gemeinschaft (Umma) und verbot ihnen jegliche Gewalt gegeneinander. Die traditionellen **Raubzüge** der Beduinen hatten sich deshalb in Zukunft gegen Nichtmuslime zu richten. Auf diese Weise brachte Mohammed bis zu seinem Tod fast die ganze Arabische Halbinsel unter seine Kontrolle.

Mohammed, der Prophet

AUSWIRKUNGEN

Mohammed beseitigte nicht nur den Polytheismus auf der Arabischen Halbinsel, sondern schuf auch völlig **neue politische Strukturen**. Damit legte er persönlich schon den Grundstein für die rasante, militärische Ausbreitung des Islam.

Der Koran

57

Der *Koran* ist das heilige Buch des Islam. Er gilt als wortwörtliche Offenbarung Gottes an Mohammed.

BEDEUTUNG	Arab. Koran = Vortrag
WANN?	Mündliche Entstehung 610–632, schriftliche bis 653
WIE VIELE?	114 Suren (Abschnitte)

Der *Koran* gilt unter den Muslimen als Kopie eines **göttlichen Buches**, das Mohammed vom **Erzengel Gabriel** über 22 Jahre hinweg Stück für Stück auf die Zunge gelegt wurde. Die einzelnen **Suren** wurden von Mohammeds Anhängern auswendig gelernt und regelmäßig wiederholt. Ob schon zu seinen Lebzeiten oder erst kurz danach mit der **schriftlichen Fassung** begonnen wurde, ist umstritten. Um 653 soll das erste vollständige Exemplar fertiggestellt, kopiert und verbreitet worden sein. 113 der 114 Suren beginnen mit der Formel „Im Namen des barmherzigen und gnädigen Gottes ...“. Inhaltlich sind sie jedoch höchst heterogen. Ein Großteil besteht aus **Weisungen und Geboten**. Es sind aber auch Gebete und Erzählungen über die Figuren des *Alten Testaments* und Jesus enthalten. Letztere stammen teilweise nicht aus der Bibel, sondern aus den **apokryphen Schriften,** die vom Christentum als bloße **Legenden** eingestuft werden.

Der Koran ist eine Kopie des göttlichen Buches.

AUSWIRKUNGEN

Für strenggläubige Muslime ist der Koran eine unverfälschte Botschaft Gottes bis hin zu den Satzzeichen. Deswegen werden auch **Übersetzungen** als problematisch empfunden, da sie eine **Interpretation** darstellen. Trotzdem gibt es – ähnlich wie bei der jüdischen *Thora* – eine reiche Tradition der Auslegung. Gläubige Muslime sind angehalten, möglichst große Teile des arabischen Originalkorans auswendig zu lernen. Da schon der gedruckte Koran als **heilig** gilt, ist ein ehrfurchtsloser Umgang mit dem Buch oder gar eine bewusste Schändung ein schweres Delikt.

58 Die Sunna

Nach dem *Koran* bilden die Worte und Taten des Propheten die wichtigste Quelle des islamischen Rechts. Diese werden als Sunna bezeichnet.

BEDEUTUNG	Arab. Sunna = überlieferte Norm
QUELLEN	Hadithen (Berichte)
VERFASSER	Um anerkannt zu werden, muss sich die Überlieferungstradition einer Hadithe auf einen Gefährten Mohammeds zurückführen lassen.

Obwohl der *Koran* viele konkrete Gebote enthält, deckt er keineswegs alle **Lebenssituationen** ab und ist auch nicht immer eindeutig. Die zweite wichtige Autorität ist deshalb der **Prophet** selbst, gemäß der dritten Sure des *Korans*: „Gehorchet Gott und dem Gesandten." Über Mohammeds Worte und Taten gibt es zahlreiche **Aufzeichnungen** – die Hadithen. Diese entstanden jedoch erst in späterer Zeit. Bei den Gelehrten des Mittelalters hatte die **Bewertung** der Hadithen nach ihrer Glaubwürdigkeit eine **große Bedeutung**. Schließlich stellte man einen **Kanon** aus sechs Hadith-Sammlungen aus dem 9. und frühen 10. Jahrhundert zusammen, die als authentisch betrachtet werden. Daneben haben jedoch für die verschiedenen Richtungen auch andere Sammlungen Bedeutung.

AUSWIRKUNGEN

Die große Rolle, die Mohammed als Vorbild durch die Sunna einnimmt, führte dazu, dass die Kultur der arabischen **Beduinen** des 7. Jahrhunderts den Islam bis heute prägt. Für viele strenggläubige Muslime war Mohammed ein perfekter Mensch, der ein in jeder Hinsicht tadelloses Leben führte. Andererseits warnen die **Rechtsgelehrten** auch, dass Mohammed keine göttliche Unfehlbarkeit und der Sunna nicht dieselbe Autorität wie dem *Koran* zugesprochen werden dürfe. Deshalb gibt es durchaus **unterschiedliche Meinungen**, welche in den Hadithen überlieferten Normen wann und wie Gültigkeit besitzen.

Die Taten und Worte des Propheten gelten als vorbildlich.

Der Bruch der Umma

59

Der Streit um Mohammeds Nachfolge zerstörte die Einheit der Muslime. Die Feindschaft zwischen Sunniten und Schiiten besteht teilweise bis heute.

WANN?	657 und 680
WARUM?	Streit um das Kalifat
GEGNER	Partei von Mohammeds Enkel Hussein (Schia Alia), die Omaijaden und die Charidschiten

Nach **Mohammeds Tod** entbrannte ein Streit, wer dessen Nachfolger (Kalif) werden sollte. Eine Partei (Schia Ali) sah dessen **Cousin und Schwiegersohn Ali** als den natürlichen Erben, eine andere lehnte die Einführung eines erblichen Kalifats vehement ab. 656 wurde Ali zwar zum vierten Kalifen gewählt, war aber umstritten. Der einflussreiche **Muawiya** (603–680) aus der Dynastie der Omaijaden, beanspruchte das Kalifat für sich. Die **Charidschiten** waren jedoch der Meinung, dass der Titel nicht den einflussreichen arabischen Dynastien vorbehalten sein sollte, und sagten sich von den anderen los. 661, nach der Ermordung Alis, wurde **Muawiya** der fünfte Kalif. Die Schia Ali akzeptierte dies zunächst. Als jedoch Muawiya, der ursprünglich gegen eine Erbfolge war, 680 seinen Sohn **Yazid** (644–683) zum Nachfolger machte, nahm Alis jüngerer Sohn **Hussein** (627–680) den Kampf auf. In der **Schlacht von Kerbala** wurde er jedoch schnell getötet und seine Anhänger wurden geschlagen.

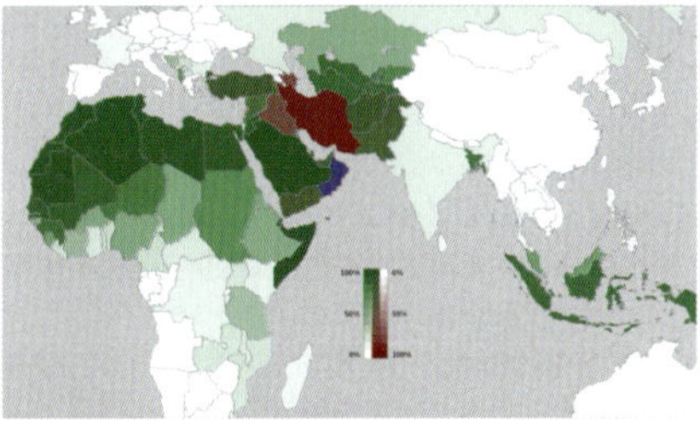

Sunnitische Gebiete (grün), schiitische Gebiete (rot), Gebiete der Ibaditen (blau)

AUSWIRKUNGEN

Obwohl ursprünglich keine religiösen Differenzen bestanden, entwickelten sich die **drei Strömungen des Islam** sehr verschieden. Für die Schiiten ist der **Aschura-Tag**, der Todestag Husseins, immer noch einer der höchsten Festtage, dem zehntägige **Trauer- und Bußrituale** vorangehen. Die Charidschiten sind weitgehend verschwunden. Lediglich die kleine Gruppe der **Ibaditen**, im 7. Jahrhundert im Oman gegründet, überlebte bis heute.

60 Die Scharia

Die Scharia ist die Gesamtheit der islamischen Gesetze. Sie regeln alle Lebensbereiche.

BEDEUTUNG	Arab. Scharia = einzuschlagender Weg (entsprechend dem hebr. Halacha)
INHALT	Gesamtheit der Gesetze in Koran und Sunna und aller Interpretationen und Gutachten
GELTUNGSBEREICH	Für jeden Muslim, als staatliches Recht im Iran und Saudi-Arabien, in anderen Ländern nur teilweise

Eine Theologie wie etwa im Christentum gibt es im Islam kaum. Dafür spielt die **religiöse Rechtswissenschaft** (Figh) eine überragende Rolle. Sie hat die Aufgabe, für jede Lebenssituation **Verhaltensregeln** zu finden, die im Einklang mit dem *Koran* und der Sunna stehen. Sowohl Mohammed als auch die ersten **Kalifen** sollen als Schlichter in Streitfällen fungiert haben. Später übernahmen **Richter** (Kadis) diese Aufgabe. Daneben entwickelte sich das Amt der **Rechtsgelehrten** (Muftis). Bei diesen können sowohl Richter als auch Privatpersonen ein Gutachten (Fatwa) für einen konkreten Einzelfall einholen. Eine **Fatwa** darf auf keinen Fall im Widerspruch zu *Koran* und Sunna stehen. Sie kann jedoch durchaus der Ansicht anderer Gelehrter widersprechen. Autorität gewinnen jedoch nur die Fatwas, über die ein weitgehender **Konsens** der wichtigsten Rechtsgelehrten besteht. Im Laufe der Zeit bildeten sich verschiedene große **Rechtsschulen** heraus. Es ist kein Muslim gezwungen, sich zu einer Rechtsschule zu bekennen. Wenn jemand aber grundsätzlich die Autorität eines Gelehrten anerkennt, wird er sich auch dessen Fatwas verpflichtet fühlen.

Mufti Mohammed Said Tantawi (1928–2010)

SCHARIA ALS STAATSRECHT

Wenn die Scharia in einem Staat Teil der Rechtsordnung ist, dann bedeutet das, dass Rechtsstreitigkeiten vor einem religiösen Gerichtshof entschieden werden, der anhand von Fatwas urteilt. Dies trifft in vielen muslimischen Ländern für Teile des Zivilrechts, allen voran Familien- und Erbrecht, zu, während alle anderen Fälle – vor allem das Strafrecht – vor säkularen Gerichtshöfen anhand festgeschriebener Gesetze beurteilt werden. Teilweise wird diskutiert, ob es sinnvoll ist, den muslimischen Minderheiten in westlichen Ländern zu gestatten, bestimmte Streitfragen vor religiösen Gerichten anhand der Scharia zu regeln, falls beide Seiten damit einverstanden sind und die Rechtsprechung nicht dem geltenden Recht der Staaten, vor allem den Grundrechten, widerspricht. In Griechenland gibt es eine solche Regelung sogar schon seit 1920. Schlagzeilen machen vor allem Länder wie Nigeria oder Somalia, wo z.B. vergewaltigte Mädchen wegen Unzucht mit Verweis auf die Scharia zu Tode gesteinigt werden. Der *Koran* sieht jedoch solche Strafen nicht vor. Außerdem lautet ein Grundsatz des islamischen Rechts, dass eine Handlung nur nach der damit verbundenen Absicht beurteilt werden kann, was der Beurteilung einer Vergewaltigung als Unzucht widerspricht.

AUSWIRKUNGEN

Im Mittelalter setzte sich unter vielen Gelehrten die Auffassung durch, dass alle Bereiche des Lebens geregelt seien und neue Fatwas allein durch die **Nachahmung** früherer Gutachten erstellt werden könnten. Dies ließ die Diskussion erstarren, förderte möglichst konservative Auslegungen und führte dazu, dass sich viele Vorschriften in der **Scharia** halten konnten, die nicht *Koran* und Sunna, sondern dem **Brauchtum** des frühen Mittelalters entstammten. In jüngster Zeit setzte jedoch wieder eine lebhafte Diskussion ein, vor allem auch darüber, ob die Scharia mit den **Menschenrechten** der UN-Konvention vereinbar ist.

Die Rechtsgelehrten und Richter urteilen anhand des Korans *und der Sunna.*

61 Die Schiiten

Der schiitische Islam wird heute vor allem mit dem Iran in Verbindung gebracht. Doch es gibt auch andere Richtungen.

BEDEUTUNG	Abgeleitet von der Partei Alis „Schia Ali“
WO?	Im Iran, Irak, Aserbaidschan und Bahrain in der Mehrheit, ebenfalls stark vertreten im Libanon, dem Jemen (prozentual), Indien und Pakistan
WIE VIELE?	Ca. 150–200 Mio. Menschen

Alle **Schiiten** sehen in Mohammeds Schwiegersohn Ali, seinen Söhnen Hassan und Hussein sowie seinem Enkel Ali die ersten **vier religiösen Oberhäupter** (Imame) ihres Glaubens. Nach dem Tod des jüngeren Ali im Jahr 713 wurden jedoch unterschiedliche **Imame** anerkannt, sodass man heute zwischen den **Fünfer-, Siebener- und Zwölferschiiten** unterscheidet, je nach Anzahl der anerkannten Imame. Die größte Gruppe sind die Zwölferschiiten. Sie glauben, dass ihr zwölfter Imam, der **Mahdi**, im Jahr 941 entrückt ist und irgendwann als Messias wiederkommen wird. Auch für die Schiiten stehen *Koran* und Sunna als Rechtsquellen an oberster Stelle, doch bei ihnen nimmt die **eigenständige Interpretation** eine weit größere Stellung ein als bei den Sunniten, die eher eine **Nachahmung** früherer Interpretationen bevorzugen. Aller dings darf bei den Schiiten nur ein ausgebildeter Rechtsgelehrter ein Gutachten fällen. Im Gegensatz zu den Sunniten gibt es bei den Zwölferschiiten einen hierarchisch aufgebauten **Klerus**, an dessen Spitze die **Großayatollahs** stehen.

Der shiitische Islam ist nicht nur im Iran verbreitet.

AUSWIRKUNGEN

Innerhalb des schiitischen Islam gibt es eine Bandbreite von **Strömungen**, die von dem iranischen Revolutionsführer **Ayatollah Chomenei** (1902–89) bis zum liberalen **Aga Khan** (*1936) reicht, der geistliches Oberhaupt der kleinen Gruppe der **Nizaris-Schiiten** ist.

DIE SUNNITEN

Die allermeisten Moslems gehören dem sunnitischen Islam an. Doch auch bei ihnen gibt es Unterschiede.

WORTHERKUNFT	Abgeleitet von der Sunna = überlieferte Norm
WO?	Auf der arabischen Halbinsel, in Nordafrika, der Türkei, dem Mittleren Osten und Indonesien
WIE VIELE?	Ca. 1,1–1,4 Mrd. Menschen

Allen Sunniten ist gemeinsam, dass sie die Kalifen als **Nachfolger Mohammeds** ansehen. Doch mit der Ausbreitung des Islam wurden die Kalifen weitgehend **weltliche Herrscher**, sodass es praktisch seit dem frühen Mittelalter kein unangefochtenes Oberhaupt mehr gibt. Die verschiedenen Strömungen werden vor allem durch die Rechtsschulen geprägt. Die wichtigsten vier – **Hanafiten**, **Malikiten**, **Schafiiten**, **Hanbaliten** – erkennen einander trotz ihrer Unterschiede an. Nur zu den radikalen **Wahhabiten**, die in Saudi-Arabien dominieren, gibt es teilweise tiefe Gräben. Die Sunniten kennen keinen Klerus. In früheren Zeiten hatten die **Rechtsgelehrten** (Ulamas), die als Kadis oder Muftis fungierten, großen Einfluss. Sie verloren in den (weitgehend) säkularen Staaten an Bedeutung. An ihre Stelle traten **Vorbeter** (Imame) in den Moscheen. Doch obwohl die Ausbildung zum hauptamtlichen Imam teilweise geregelt ist, ist der Titel nicht geschützt. Jeder sunnitische Muslim kann als ehrenamtlicher Imam agieren. Ebenso darf im Prinzip jeder Fatwas erstellen, wenn er darum ersucht wird.

Die Mehrheit der Muslime gehört zu den Sunniten.

AUSWIRKUNGEN

Abgesehen von den Ländern und Bereichen, in denen die Scharia als Staatsrecht fungiert, ist es jedem Sunniten freigestellt, welcher Rechtsschule, welchem Imam oder Prediger er folgt. Deren Einfluss besteht vor allem in ihrer **Autorität** und der **Zahl ihrer Anhänger**.

63 Der Sufismus

Die Sufis sind die Mystiker des Islam. Sie verbinden den Glauben gemäß dem *Koran* mit spirituellen Praktiken.

WORTHERKUNFT	Unbekannt, evtl. von Begriffen für „Wolle“ und „rein“
WANN?	7. Jh.
MERKMALE	Askese, Meditation (z.B. über die 99 Namen Gottes und bestimmte Koranstellen), Tänze, Ekstase

Ziel der Sufis ist es, das **eigene Selbst** zu überwinden und auf **mystische Weise** Gott zu erfahren. Der Weg dahin besteht in einer überwältigenden Gottesliebe, die alles andere – weltliche Dinge, aber z.B. auch die Gottesfurcht – in den Hintergrund drängt. Viele der spirituellen Techniken haben ihre Wurzeln in Indien. Die ersten Sufi-Asketen lebten schon im 7. Jahrhundert. Im 12. Jahrhundert entstanden die ersten **Orden**. Deren Mitglieder zogen oft als wandernde **Bettler** umher, weswegen sie **Derwische** (pers. Bettler) genannt wurden. Es gibt jedoch auch Orden, deren Mitglieder keine Mönche sind, sondern den Sufismus mit einem **normalen Alltagsleben** verbinden. Die Mitgliedschaft in einem Orden oder wenigstens ein Lehrer (Scheich) gilt aber als nötig, um Sufi zu werden.

Die Mitglieder der Sufi-Orden wurden auch Derwische genannt.

AUSWIRKUNGEN

Das Verhältnis der Sufis zum nicht mystischen Islam ist gespalten. Viele Sufi-Orden sehen sich als sunnitische (seltener schiitische) Muslime, andere begreifen sich unabhängig von diesen beiden Richtungen. Von streng konservativen Muslimen werden die Sufis dagegen als **„unislamisch“** angesehen und wurden in der Vergangenheit teilweise auch verfolgt. Im Westen dagegen hat der Sufismus überwiegend einen **positiven Ruf**, weil er als **toleranter** gilt (was nicht immer stimmt). Teilweise werden Sufi-Praktiken sogar von nicht islamischen Sekten übernommen.

Islamische Religionsgemeinschaften

64

Aus dem Islam sind weitere Glaubensrichtungen hervorgegangen. Ob sie Muslime sind oder nicht, ist manchmal sogar unter ihnen selbst umstritten.

WICHTIGSTE GEMEINSCHAFTEN	Aleviten, Drusen, Bahai, Ahmadiyya
STATUS	Drusen und Bahai: eigenständige Religion; Ahmadiyya-Anhänger: Muslime; Aleviten: nicht eindeutig
WIE VIELE?	Ca. 15 Mio. Aleviten, ca. 750.000 Drusen, 5–8 Mio. Bahai, ca. 10 Mio. Ahmadiyya

Die **Aleviten** leben vor allem in der **Türkei**. Sie haben ihre Wurzeln im **schiitischen Islam**, sind aber auch stark vom **Sufismus** geprägt. Im Osmanischen Reich wurden sie unterdrückt, weshalb die Aleviten unter Kemal Atatürk (1881–1938) vehement für die Trennung von Staat und Religion eintraten.Sie lehnen die „fünf Säulen des Islam" als Äußerlichkeiten ab und praktizieren die traditionelle Scharia nicht. Wichtiger sei das **Verhältnis des Menschen** zu seinen Mitmenschen. Die **Drusen** leben vor allem im **Nahen Osten**. Ihre Religionsgemeinschaft wurde von **schiitischen Gelehrten** im 11. Jahrhundert gegründet. Sie glauben an die **Wiedergeburt** und dass der ägyptische Schiitenkalif **al-Hakim** (985–1021) eine Inkarnation Gottes war. Aus **Schutz vor Verfolgung** flüchteten sie sich in Bergregionen und schotteten sich ab. So wird man Druse nur durch Geburt. Die **Ahmadiyya** wurde im 19. Jahrhundert in Indien von Mirza **Ghulam Ahmad** (1835–1908) gegründet. Er lehnte den bewaffneten Dschihad ab und verbot seinen Anhängern auch, an den **Befreiungskriegen** gegen die Briten teilzunehmen.

Kemal Atatürk

AUSWIRKUNGEN

Da diese Religionsgemeinschaften vom orthodoxen Islam abweichen, ist ihr **Status schwierig**. Teilweise werden sie nicht als Muslime anerkannt, obwohl sie selbst sich so sehen, teilweise wird ihnen der Status einer eigenständigen Religionsgemeinschaft verweigert. In manchen Ländern kommt es sogar zu **Verfolgungen**.

65 DSCHIHAD

Viele Muslime lehnen heute ab, den Dschihad als gewaltsamen Kampf zu sehen. Doch in dieser Hinsicht gibt es unterschiedliche Positionen.

WORTHERKUNFT	Arab. Dschihad = Kampf, gezielte Anstrengung
BEDEUTUNG	Traditionell militärisch, im weiteren Sinn jede Anstrengung für den islamischen Glauben
QUELLE	9. Sure des *Korans*, Vers 5 ruft zum Kampf gegen die Polytheisten auf, Vers 29 gegen Juden und Christen

Im *Koran* werden die Muslime aufgefordert, alle **Polytheisten auszurotten** und die Schriftbesitzer zu bekämpfen, bis sie **Tribut** entrichten. Auch die mittelalterliche Rechtsliteratur betont die Pflicht der Muslime zum **militärischen Kampf** gegen Nichtmuslime und **Abtrünnige**. Alle Länder, in denen nicht die Scharia angewandt werde, gehörten zum **„Haus des Krieges“** und sollten unter muslimische Kontrolle gebracht werden. Einige schiitische Gelehrte begannen jedoch auch den **seelischen Kampf** gegen innere Feinde als Dschihad zu bezeichnen. In der Folge wurden auch **friedliche Formen** des Kampfes für den Glauben Dschihad genannt, etwa der verbale Dschihad der Zunge oder der Dschihad der Taten in Form von vorbildlichem Benehmen.

Der Begriff Dschihad wird vor allem mit militärischem Kampf verbunden.

AUSWIRKUNGEN

Die **Diskussion** um den Dschihad wird unter den Muslimen selbst äußerst **kontrovers** geführt. Viele betonen, dass der Islam eine **friedliche Religion** sei, und betrachten es als diffamierend, wenn Andersgläubige Dschihad mit **„Heiliger Krieg“** übersetzen. Die Aufforderung zum militärischen Kampf beziehe sich nur auf den **Verteidigungsfall**. Andere sehen in *Koran*, Sunna und Rechtsliteratur ganz klar den Auftrag verankert, Andersgläubige zu bekämpfen. Allerdings gibt es für diesen Krieg klare Regeln, die etwa verbieten, Zivilisten zu töten, und mit Terroranschlägen nicht vereinbar sind.

Islamische Reinheitsvorschriften

66

Reinheit spielt im Islam eine große Rolle. Zur Tahara gehören vor allem die rituellen Waschungen und das Meiden unreiner Lebensmittel.

BEDEUTUNG	Tahara = Sauberkeit (gesamtes Konzept ritueller Reinheit)
ESSENSVERBOTE	Kein Schweinefleisch, keine Tiere, die nicht geschächtet wurden, kein Alkohol und andere Rauschmittel
WIE OFT?	Vor jeder religiösen Handlung

Religiöse Handlungen, etwa das Beten, aber auch das Berühren des *Korans*, dürfen im Islam nur im Zustand ritueller Reinheit vollzogen werden. Unrein wird man etwa durch den Schlaf oder durch den Toilettenbesuch. Deshalb wird vor jeder **religiösen Handlung** zumindest eine **rituelle Waschung** von Kopf, Händen und Füßen vollzogen. Nach größeren „Verunreinigungen" wie **Geschlechtsverkehr** oder **Menstruation** ist eine Waschung des ganzen Körpers notwendig. Auch der Ort muss rein sein, weshalb man in der **Moschee** die Schuhe auszieht bzw. außerhalb der Moschee auf einem Teppich betet oder den *Koran* auf ein Tuch legt. In den Hadithen finden sich zudem **allgemeine Hygienevorschriften** wie das Stutzen von Bart und Nägeln und das Entfernen von Scham- und Achselhaar. Die **Speisevorschriften** unterscheiden zwischen „halal" (erlaubt) und „haram" (verboten). Halal ist nur Fleisch von geschächteten Tieren. Haram ist Schweinefleisch, Blut, Alkohol und jede Art von Rauschmitteln.

AUSWIRKUNGEN

Die Waschungen sind Teil des religiösen Rituals, weshalb auch jede Moschee ein entsprechendes Becken im Vorhof besitzt. Das **Alkoholverbot** wurde je nach Region und Zeit unterschiedlich gehandhabt. Teilweise wird es äußerst streng geahndet, teilweise sieht man es als ausreichend an, wenn jemand sich nicht berauscht.

Rituelle Waschungen sind sehr wichtig.

67 Islamisches Bilderverbot

Die Abbildung von Lebewesen ist im Islam eine heikle Sache. Dafür entwickelte die islamische Kultur eine prächtige ornamentale Kunst.

QUELLE	*Thora* und Hadithen
INHALT	Im Allgemeinen: Weder Gott noch Mohammed und andere heilige Personen dürfen abgebildet werden.
SYMBOL DES ISLAM	Die Farbe Grün und der Halbmond (bzw. Mondsichel), das Symbol der türkischen Osmanen

In den Zehn Geboten der *Thora* heißt es, der Mensch solle sich kein Bildnis machen. Im *Koran* findet sich nur das Verbot, Bilder anzubeten. Doch bereits um 700 hörten die Kalifen auf, ihr Bildnis auf Münzen prägen zu lassen. Das Bildnisverbot wurde und wird jedoch unterschiedlich umgesetzt. Die am weitesten verbreitete Linie ist, im religiösen Bereich **keinerlei Lebewesen** abzubilden und im nicht religiösen Bereich auf die **Darstellung von heiligen Personen** zu verzichten. Teilweise stellte man Mohammed und andere Propheten auch gesichtslos bzw. verschleiert dar. Es gibt jedoch auch unverschleierte Bilder, vor allem aus der persischen Kunst des 15. bis 17. Jahrhunderts. Auch heute sind bei den Schiiten Bilder der Imame üblich und eine Fatwa von **Großayatollah Ali al-Sistani** (*1930) besagt, sogar Mohammed dürfe abgebildet werden, wenn es mit äußerstem Respekt geschehe.

AUSWIRKUNGEN

Das Bilderverbot brachte einen ganz eigenen islamischen **Kunststil** hervor, der auf **Ornamente** und kunstvolle Schrift (Kalligrafie) setzt. Das auch im Islam nicht einheitlich gehandhabte Abbildungsverbot Mohammeds sorgte jedoch im Westen nicht nur im Fall der provokativ gemeinten dänischen Karikaturen für **massive Drohungen**, sondern etwa auch im Falle respektvoll angelegter Kinderbücher über die Weltreligionen.

Die islamische Sakralkunst besteht aus Ornamenten und Inschriften.

Islamische Feste

68

Im Gegensatz zum Christentum kennt der Islam recht wenige Feiertage. Die wichtigsten sind das Opfer- und das Zuckerfest.

WICHTIGSTES FEST	Opferfest
ZUCKERFEST	Ein anderer Name für das Fest des Fastenbrechens, dem der Fastenmonat Ramadan vorausgeht
WEITERE FESTE	Geburtstag des Propheten, Aschura-Fest (schiitisch), islamisches Neujahrsfest

Die beiden großen muslimischen **Feiertage**, die von allen islamischen Richtungen begangen werden, sind das **Fest des Fastenbrechens** (id al-fitr) und das **Opferfest** (idu l-Adha). Dem id al-fitr geht der Fastenmonat **Ramadan** voraus. Im Ramadan dürfen die Muslime (Kranke und Kinder sind ausgenommen) von Sonnenaufgang bis Sonnenuntergang **weder essen noch trinken**. Stattdessen sollen sie während des Tages häufig im Stillen **beten**. Nach Sonnenuntergang wird dann gemeinsam gebetet und gegessen, wobei das Mahl oft besonders üppig und ausgelassen ausfällt. Das anschließende Fest wird auch **Zuckerfest** genannt, weil besonders viel **Süßigkeiten** gegessen und verschenkt werden. Das **Opferfest** findet 70 Tage später statt. Es erinnert an **Abraham**, der Gott seinen Sohn opfern wollte (laut *Koran* war dies aber Ismael, nicht Isaak). Alle Familien, die es sich leisten können, sind angehalten, ein Tier zu schlachten (meist ein Schaf) und das Fleisch mit Freunden und Verwandten, aber auch mit den Armen zu teilen.

Gemeinsames Gebet im Ramadan

AUSWIRKUNGEN

In nicht muslimischen Ländern kann das Fasten im Ramadan – vor allem in Sommermonaten mit langen Tagen – eine große Belastung bedeuten, da in der Gesellschaft selten auf einen angegriffenen Gesundheitszustand Rücksicht genommen wird. Zum Opferfest und teilweise auch zum Fest des Fastenbrechens können aber z.B. islamische Schulkinder in Deutschland inzwischen freinehmen.

69 Muslimisches Leben

Die Stationen des Lebens haben im Islam keinen sakramentalen Charakter wie im Christentum. Trotzdem unterliegen sie strengen Regeln.

EINTRITT	Sprechen des Glaubensbekenntnisses vor Zeugen
AUSTRITT	Nicht vorgesehen, in manchen Ländern sogar mit der Todesstrafe geahndet
FEIERTAG	Freitag

Nach der Vorstellung des *Korans* wird jeder Mensch als Muslim (sich Gott hingebend) geboren. Deshalb gibt es **keine Taufe**. Jungen werden beschnitten, teils schon als Säugling, spätestens aber vor dem 14. Lebensjahr. Ein Kind kann noch nicht vom Glauben abfallen. Wer jedoch als Erwachsener das **Glaubensbekenntnis**, das Teil der täglichen Gebete ist, bewusst vor Zeugen spricht, gilt im **voll rechtlichen Sinn** als Muslim. Alle Erwachsenen (d. h. geschlechtsreifen) Muslime sind verpflichtet, **fünfmal täglich** zu bestimmten Zeiten in Richtung Mekka zu beten. Texte und Ritus (etwa Verbeugungen) sind vorgegeben. Am **Freitag** sollen sich zumindest die Männer zum **gemeinsamen Gebet** in der Moschee treffen. Diesem geht eine **Predigt** voraus, meistens durch den Imam. Ein Arbeitsverbot gibt es für den Freitag nicht.

Gebete – egal wo – gehören zum Alltag.

Wesentliches Element einer islamischen Heirat ist die Ausarbeitung eines **Ehevertrages**, dem beide Partner zustimmen. In manchen Ländern ist es üblich, dass bei der ersten Ehe der Frau ihr Vater oder Großvater die Zustimmung auch ohne ihre Einwilligung geben kann. Die Praxis der **Zwangsheirat** stammt jedoch aus der **Tradition**, nicht dem *Koran*. Die Eheschließung wird in vielen Ländern durch einen Imam oder Kadi durchgeführt, kann bei den Sunniten jedoch von jedem Muslim geleitet werden. Nach islamischem Recht darf ein Mann bis zu **vier Frauen** heiraten, in der Praxis kommt Polygamie aber sehr selten vor oder ist sogar staatlich verboten. **Scheidung** ist möglich, jedoch gesellschaftlich nicht angesehen. Meist ist sie für den Mann einfacher zu erreichen als für die Frau, die zudem nach einer Trennung oft unversorgt zurückbleibt. Eine islamische **Beerdigung** soll möglichst noch am Tag des Sterbens stattfinden. Der Leichnam wird gewaschen und dann in Leinentücher gehüllt mit dem Gesicht gen Mekka ins Grab gelegt. Das Grab soll neu sein und der Tote unbegrenzt dort liegen können. Feuerbestattungen sind verboten.

AUSWIRKUNGEN

In der Praxis üben Muslime Gebet, Eheschließung und Verschleierung höchst unterschiedlich aus. In vielen islamischen Ländern sind sie jedoch einer strengen Gesetzgebung unterworfen. Manches gründet in der Tradition. Anderes geht auf problematische Überlieferungen zurück. So werden etwa in manchen Kulturen **Kinderehen** damit gerechtfertigt, dass Mohammed angeblich mit seiner Frau **Aischa** die Ehe vollzog, als sie neun war. Doch nicht nur Dinge, die den **UN-Menschenrechten** widersprechen, stellen Muslime in westlichen Ländern vor Probleme, sondern z.B. auch die **Bestattungsriten**, die mit der Friedhofsordnung kollidieren.

Der Schleier

Viele Frauen verhüllen auch ihr Gesicht.

Historiker vermuten, dass die Sitte, sich zu verschleiern, im Zuge der islamischen Expansion von den Persern oder Byzantinern übernommen wurde, wo sie bei der Oberschicht üblich war. Der *Koran* ermahnt sowohl Männer als auch Frauen, sich anständig zu kleiden. Frauen werden zudem angewiesen, ihren Schmuck vor fremden Männern zu verstecken und ein „Dschilbab“ genanntes Gewand überzuziehen, wenn sie das Haus verlassen. Dies wurde in der Folge so interpretiert, dass die Frauen in der Öffentlichkeit ihre Reize, vor allem ihren Haarschmuck, verstecken und den ganzen Körper bis auf Gesicht und Hände verhüllen sollen.

70 Die heiligen Städte des Islam

Jeder Muslim betet in Richtung Mekka. Die Pilgerfahrt dorthin ist für jeden ein Mal im Leben Pflicht.

HEILIGSTE STÄDTE	Mekka, Medina und Jerusalem, für Schiiten zusätzlich die Gräber der Imame
WALLFAHRTEN	Bei den meisten Sunniten nur nach Mekka (Hadsch), bei Schiiten auch zu den Gräbern der Imame, etwa nach Kerbala
TEILNEHMER DES HADSCH	Teilweise über 2 Mio. Sunniten und Schiiten pro Jahr, die Ahmadiyya-Muslime sind ausgeschlossen.

Mekka ist die Geburtsstadt des Propheten **Mohammed**. Dort gab es schon zu seiner Zeit ein würfelförmiges Heiligtum namens **Kaaba**, das Ziel von **Wallfahrten** war. Mohammed vernichtete die Götterstatuen, die dort verehrt wurden, behielt den Brauch der Wallfahrten jedoch bei. Alle Muslime – Männer wie Frauen – sind verpflichtet, ein Mal nach Mekka zu pilgern, und zwar während der vier Tage rund um das **Opferfest**. Während dessen ist ein ganz bestimmtes Ritual zu befolgen. Dazu gehören etwa die **Bitte um Vergebung** der Sünden am nahen Berg **Arafat** oder die **symbolische Steinigung** des Teufels. Höhepunkte sind die Feier des Opferfestes und die **siebenmalige Umrundung** der Kaaba. Neben Mekka gelten auch **Medina** und **Jerusalem** als **heilige Städte** des Islam. Der **Felsendom** in Jerusalem soll dort gebaut sein, wo Abraham seinen Sohn opfern wollte und Mohammed während einer nächtlichen Traumreise zum Himmel aufstieg.

Jeder gläubige Muslim soll ein Mal im Leben nach Mekka pilgern.

AUSWIRKUNGEN

Der Hadsch ist für viele gläubige Muslime der **Höhepunkt** in ihrem Leben. Wegen der großen Teilnehmerzahlen kam es aber immer wieder zu **Massenpaniken** und Unfällen. Der heilige Rang Jerusalems und vor allem des **Tempelberges** dagegen führt immer wieder zu **Konflikten** zwischen Islam und Judentum.

71

Grundlagen der hinduistischen Theologie

Der Hinduismus ist die bunteste der Weltreligionen. Er umfasst eine Vielzahl sehr verschiedener Strömungen nebeneinander.

WANN?	Im engeren Sinn ca. ab 500 v. Chr., im weiteren ab 2000 v. Chr.
WO?	Nordindien
WIE VIELE?	Ca. 800–900 Mio. Menschen

Die **Hindus** glauben an eine ewige, unveränderliche **kosmische Weltordnung** (Sanatana Dharma), die aus dem **Brahman** (dem Absoluten) resultiert. Um im Einklang mit der ewigen Ordnung zu leben, muss jeder Mensch sich bemühen, dem Dharma, der **rechten Ordnung**, zu folgen. Zu dieser Ordnung gehören religiöse Riten, **soziale Pflichten** des eigenen Standes und **ethisch gute Taten**. In die kosmische Weltordnung ist der Mensch durch einen Kreislauf der **Wiedergeburten** (Samsara) eingebunden. Das bedeutet, dass er nach seinem Tod immer wieder in einen neuen Körper geboren wird. Jede Handlung jedoch, die man im Leben begeht, hat eine Folge. Die Gesamtheit aller Folgen bildet das **Karma**. Dieses Karma wird in jedes neue Leben mitgenommen und beeinflusst die Existenz von Anfang an. Wer sich jedoch gemäß dem Dharma verhält, der kann schlechtes Karma abbauen. Letztendlich geht es aber darum, alles Karma zu überwinden und zur **Moksha** (Erlösung) zu gelangen.

AUSWIRKUNGEN

Die Vorstellung, dass jeder Mensch das Leben führt, das er sich aufgrund **früherer Leben** verdient hat, führte zu einer sehr starren Sozialordnung. Andererseits ist der Hinduismus eine sehr breit gefächerte Religion, die kein Oberhaupt und kein Glaubensbekenntnis kennt. Während für die einen Hindus das **pflichtgetreue Alltagsleben** das Wichtigste ist, ist es für andere der Kult um bestimmte Götter oder das **Streben nach Erlösung**.

Der Hinduismus vereint viele verschiedene Strömungen.

72 Die Veden

So unterschiedlich die verschiedenen Richtungen im Hinduismus sind: Die Veden stellen für alle heilige Schriften dar.

BEDEUTUNG	Sanskr. Veda = Wissen; Bezeichnung teils nur für die ersten vier Veden, teils für spätere heilige Texte, teils für das Wissen allgemein
WANN?	Ca. 1200–900 v. Chr.
DIE VIER VEDEN	*Rigveda*, *Samaveda*, *Yajurveda* und *Atharvaveda*

Die **vier Veden** – in Unterscheidung zu späteren heiligen Texten auch **Samhitas** (Hymnen) genannt – enthalten die Texte, die die arischen Stämme in Nordindien im 2. Jahrtausend v. Chr. im Rahmen ihrer Opferriten benutzten. Diese komplizierten **Rituale** wurden von mehreren Priestern mit verschiedenen Rollen ausgeführt. Während einer für das Opferfeuer zuständig war, mussten Rufer und Sänger jeweils die passenden Gebete und Hymnen anstimmen. Der Brahmane als Oberpriester beaufsichtigte den Ritus und korrigierte Fehler. Die angerufenen Götter stellten **personifizierte Naturkräfte** dar. Eine besondere Opfergabe war ein **Rauschtrank** namens Soma. Schon in dem ältesten Veda, dem *Rigveda*, ist eine Einteilung in **vier Kasten** festgelegt. Die oberste Kaste stellt die Priesterschaft (Brahmanen) dar.

AUSWIRKUNGEN

Der **Opferkult** wurde in der Folge noch komplexer und die Stellung der Priester noch stärker. Ohne sie konnten keinerlei Anliegen vor die Götter gebracht werden. Die Religion der Veden unterscheidet sich noch sehr vom Hinduismus, weshalb sie auch oft als eigenständige **Vorläuferreligion** angesehen wird. Forscher sprechen vom Brahmanismus oder der vedischen Religion. Sie mündet jedoch in einer **kontinuierlichen Weiterentwicklung** im Hinduismus.

Brahmanen in Rishikesh, Indien

Die Upanishaden

73

In den Upanishaden geht es nicht mehr um Riten wie in den Veden, sondern um das große Ganze.

BEDEUTUNG	Sanskr. Upanishad = sich in der Nähe (eines Lehrers) niedersetzen
WANN?	Ca. ab 700–200 v. Chr.
WIE VIELE?	108 anerkannte, am wichtigsten: *Isa*, *Kena*, *Katha*, *Prasna*, *Mundaka*, *Mandukya*, *Taittiriya*, *Aitareya*, *Chandogya* und *Brhadaranyaka*

Ein buddhistischer Mönch erklärt das Rad des Lebens.

Hinter der Religion der Veden steckt eine einfache religiöse Vorstellung. Der Mensch opfert den Göttern, um von ihnen Hilfe und Gnade zu bekommen. Schon in den *Brahamas* (Priestertexten), die ab etwa 800 v. Chr. entstanden, flossen **komplexere Vorstellungen** ein. In den **Upanishaden** wird dann nicht mehr von einem Anfang der Welt und einer Schöpfung ausgegangen, sondern von einem **zyklischen Weltbild**, in das der Mensch durch den Kreislauf der Wiedergeburten (Samsara) eingebunden ist. Für die Entwicklung seines Karmas ist er allein verantwortlich. Dieses resultiert automatisch aus seinen Taten, ohne dass bestrafende oder belohnende Götter Einfluss haben. Hinter allem steht Brahman, die **Weltseele**, das unpersönliche, göttliche Ganze, das einfach existiert und nicht auf den Menschen reagiert. Götter spielen in diesem Weltbild im Grunde keine Rolle.

AUSWIRKUNGEN

Man weiß praktisch nichts darüber, woher die Vorstellungen der Upanishaden stammen. Sie stehen aber in einem solch **starken Gegensatz** zu den Veden, dass es die Vermutung gibt, ihre Wurzeln lägen im Glauben **nicht arischer Völker** Indiens. Im Hinduismus wurde versucht, die Vorstellungen der Upanishaden mit dem Kult der Veden zu verbinden. **Buddhismus** und **Jainismus** dagegen sind den gedanklichen Weg der Upanishaden konsequent weitergegangen, indem sie lehrten, dass es weder Priester noch Götter braucht, um zur Erlösung zu kommen.

74 BRAHMAN

Die meisten Religionen glauben an handelnde Götter. Mit dem Brahman kam die Vorstellung eines unveränderlichen, göttlichen Ganzen auf.

BEDEUTUNG	Im *Rigveda* noch im Sinne von „Kraft", in den Upanishaden Bedeutungswandel hin zum „Unendlichen"
QUELLE	Upanishaden, u.a. *Mundaka* und *Brhadarankaya*
NICHT ZU VERWECHSELN MIT	Brahmanen (Priester, Angehörige der obersten Kaste), Brahma (Schöpfergottheit)

Gemäß der **kosmologischen Vorstellung**, die mit den Upanishaden aufkam, steht hinter allem Sein Brahman – die **Weltseele**. Brahman ist das Göttliche schlechthin, eine unveränderliche, transzendente Realität, Grund für Materie, Energie, Zeit und Raum, aber selbst jenseits davon. Im Gegensatz zu einem personellen Gott reagiert es nicht auf die Menschen. Stattdessen ist es Sache der Menschen, zur **Erkenntnis** des Brahmans und so zur **Erlösung** zu gelangen. Auch die Menschen sind mit einer **unsterblichen Seele** ausgestattet, **Atman** (Atem, Lebensgeist), die sich im Gegensatz zum Karma während all der **Wiedergeburten** nicht verändert. Die meisten hinduistischen Richtungen gehen davon aus, dass Atman und Brahman in Wahrheit identisch sind. Wer dies erkennt, der hat die Erlösung erreicht.

Vishnu

AUSWIRKUNGEN

In der hinduistischen Philosophie gelten alle indischen Götter als Aspekte von Brahman. Wer Vishnu, Shiva oder Shakti verehrt, verehrt dadurch das **absolut Göttliche**. Diese Verehrung und die Befolgung der traditionellen Rituale gelten als Vorstufe, um zu höherem Wissen und der Erkenntnis des Brahman zu gelangen. In der alltäglichen **religiösen Praxis** ist die Verehrung der hinduistischen Götter trotzdem mit **Bitten und Anliegen** in konkreten Dingen verbunden und widerspricht so der Vorstellung des nicht reagierenden Göttlichen.

Die indische Philosophie

75

Im Hinduismus sind Religion und Philosophie eng verwoben. Die bedeutendste philosophische Richtung ist der Vedanta.

BEDEUTUNG	Sanskr. Vedanta = Vollendung des Veda
WANN?	Im 8. Jh., um schon ältere philosophische Strömungen zu beschreiben
WER?	Adi Shankara (788–820), der die Schule des Advaita-Vedanta gründete

Shiva

Die indische Philosophie ist teils mit Religionen verwoben, teils nicht. Man unterscheidet zwischen den **orthodoxen Denksystemen**, die die Autorität der Veden anerkennen, und den **heterodoxen**, die nicht auf den Veden beruhen. Zu Letzteren gehört u.a. die Philosophie des **Buddhismus**, aber auch der **Materialismus**. Unter den Orthodoxen ist die Richtung des Vedanta am bedeutendsten. Aber es gibt z.B. auch das **Samkhya**. Dessen Anhänger glauben, dass alles Sein nicht auf ein, sondern auf **zwei Realitäten** zurückzuführen ist: auf die unveränderliche, aber bewusste Seele **Purusha** und die veränderliche, aber unbewusste Urmaterie **Prakriti**. Im **Shivaismus** gilt Purusha als Shivas männlicher, Prakriti als sein weiblicher Aspekt. Vorherrschend aber ist der **Vedanta**, der auf der Vorstellung von Brahman und Atman beruht. Deren wichtigste Richtung wiederum ist der Advaita-Vedanta. Hier spielt **Maya** (die Illusion) eine große Rolle. **Alles Irdische**, auch alles Denken, wird als **Illusion** gesehen, die Brahman verschleiert. Dessen göttliche Realität ist deshalb nicht durch Denken, sondern **Überwindung des Denkens** zu erkennen.

AUSWIRKUNGEN

Im Westen ist vor allem der **Advaita-Vedanta** bekannt und wird deshalb oft als DIE Philosophie des Hinduismus angesehen. In Indien gibt es jedoch noch eine **Vielzahl** ganz **anderer Vorstellungen**.

76 Die Götter der Hindus

Nach einer Überlieferung sollen 330 Millionen Götter den hinduistischen Himmel bevölkern. Aber es ist erlaubt, Vorlieben zu haben.

DIE WICHTIGSTEN GÖTTER	Brahma, Vishnu und Shiva
DIE WEIBLICHE GÖTTIN	Shakti ist die weibliche, göttliche Kraft. Sie kann in Gestalt jeder Göttin auftreten und jede Göttin ist Shakti.
DIE BELIEBTESTEN GÖTTER	Vishnu, Shiva, Ganesha – mit dem Elefantenkopf –, Krishna – ein Avatar Vishnus – und der Affengott Hanuman aus dem Epos *Ramayana*

Viele hinduistischen Götter wurden schon in vedischer Zeit angebetet, doch ihre Bedeutung wandelte sich im Lauf der Zeit stark. Im 4. Jahrhundert v. Chr. etablierte sich eine **Triade** von Hauptgöttern, die aus Brahma, dem **Schöpfer**, Vishnu, dem **Bewahrer**, und Shiva dem **Zerstörer**, besteht. Der Schöpfer Brahma allerdings spielt eine eher passive Rolle. Er wird nur wenig verehrt und kommt kaum in den Mythen vor. Vishnu dagegen ist für die Bewahrung der kosmischen Ordnung, des Dharma, zuständig. Um dieses im Gleichgewicht zu halten, steigt er immer wieder in **menschlicher und tierischer Gestalt** auf die Erde herab, um Ordnung zu schaffen. Diese Verkörperungen werden **Avatare** genannt (ein Begriff, der inzwischen in die Welt der Computerspiele Einzug gehalten hat). Die bekanntesten Avatare Vishnus sind die Helden **Rama** und **Krishna**. Teilweise wird auch **Buddha** als Verkörperung Vishnus betrachtet.

Shiva

Der **komplexeste Gott** ist Shiva, gleichzeitig der Zerstörer und der Gütige, der Schreckliche und der Segensreiche, der Ungezügelte und der Asket. Er gilt als Gott der ständigen **Veränderung** und des Tanzes. Wenn sein Tanz ende, so heißt es, gehe die Welt unter. Alle drei Götter haben Gattinnen bzw. **weibliche Aspekte**. Bei Brahma ist es **Saraswati**, die Göttin der Weisheit, bei Vishnu **Lakshmi**, die Spenderin von Glück,

Schönheit, Reichtum und Fruchtbarkeit, bei Shiva **Parvati**, die Mutter, deren dunkler Aspekt **Kali**, die Todesgöttin, ist. Vor allem rund um Shiva und Parvati gibt es zahlreiche Mythen, die dem Götterpaar ziemlich menschliche Seiten zuschreiben. So soll Parvati ihren Sohn **Ganesha** als Wächter vor ihrem Badezimmer aufgestellt haben. Als Shiva heimkam und Ganesha ihm dem Zutritt verweigerte, schlug der Gott ihm dem Kopf ab, was ihn später reute, weshalb er Ganesha einen Elefantenkopf aufsetzte. Ganesha gilt als besonders weise, gelassen und zudem als **Glück bringend**, was ihn zu einem der beliebtesten Götter macht.

Ganesha

AUSWIRKUNGEN

Welcher der höchste indische Gott ist, lässt sich nicht eindeutig bestimmen. Im Prinzip steht es jedem Hindu frei, welchen Gott er anbeten will, da sie im Grunde alle als Aspekte des einen Göttlichen gelten. Der persönliche höchste Gott wird manchmal als **Ishvara** (Herr des Universums) bezeichnet. Die größte Anhängerschaft haben Vishnu, Shiva und Shakti, sodass man auch vom Vishnuismus, Shivaismus und Shaktismus als **hinduistischen Sekten** spricht. Die Götter werden klassischerweise mit einer **Vielzahl von Symbolen** und bestimmten **Handhaltungen** (Mudras) abgebildet, die alle eine tiefere Bedeutung haben.

DIE DEVAS

Das Wort „Deva“ ist mit dem lateinischen „deus“ (Gott) verwandt und bezeichnet in den Veden noch die Götter. Später stellen Devas dann eher eine Art untergeordneter himmlischer Wesen im Sinne von Halbgöttern, Engeln oder guten Dämonen dar. Häufig sind sie – wie es bei den vedischen Göttern auch noch der Fall war – für Naturphänomene zuständig. In manchen Mythen tauchen auch böse Dämonen (Asuras) als ihre Gegenspieler auf. Viele philosophische Texte, die alle Götter nur als Aspekte von Brahman sehen, bezeichnen diese allesamt als Devas.

77 Ramayana und Mahabharata

Für die indische Philosophie sind die Upanishaden grundlegend. Für den Volksglauben aber spielten zwei Epen eine viel größere Rolle.

INHALT	Im *Ramayana* die Abenteuer des Helden Rama, im *Mahabharata* der Kampf der Nachkommen des Königs Bharata
WANN?	Endgültige Gestalt vermutlich im 4. Jh., mündliche Tradition mindestens 700 Jahre älter
AM BEDEUTENDSTEN	Die *Bhagavad Gita* (Gesang des Erhabenen) in dem *Mahabharata*

Das *Ramayana* erzählt, wie der **Prinz Rama** die schöne **Sita** zur Frau gewinnt. Wegen Intrigen seiner Stiefmutter wird er jedoch für 14 Jahre verbannt. Sita wird von einem Dämon entführt. Rama kann sie aber schließlich mit der Hilfe von Hanuman, dem Minister des Affenkönigs, befreien. Die Interpretation, dass Rama eine **Inkarnation** des Gottes Vishnu gewesen sei, ist vermutlich erst später hinzugefügt worden. Auf jeden Fall gelten Rama und Sita als **ideale Verkörperungen von Mann und Frau**.

Mahabharata

Das *Mahabharata* erzählt vom **Kampf** der guten Pandavas gegen ihre Feinde, die Kauravas. Hintergrund sind wahrscheinlich Machtkämpfe in vedischer Zeit. In die Erzählung eingebettet sind viele Mythen, Erörterungen über religiöse und ethische Themen und vor allem die *Bhagavad Gita*. Hier unterhalten sich der zweifelnde Pandava-Prinz Arjuna und der Gott Krishna, eine Inkarnation Vishnus, über das Göttliche und **richtiges menschliches Handeln**.

AUSWIRKUNGEN

Die *Bhagavad Gita* gilt als **Quintessenz** der Vedanta-Philosophie und eines der **bedeutendsten Werke der Weltliteratur**. Sie war das Lieblingsbuch von **Mahatma Gandhi** (1869–1948). Rama, Sita und Hanuman werden als Götter angebetet, sind aber auch Figuren der **indischen Folklore**. Das Handeln der Helden beider Epen wird als Beispiel für richtiges Dharma angesehen.

SATI

78

Kaum etwas ist so negativ mit Indien verbunden wie die Witwenverbrennung. Sie galt lange auch als religiöses Ideal.

BEDEUTUNG	Sanskr. Sati = Treue
RITUS	Das Verbrennen von Witwen bei lebendigem Leib zusammen mit dem Leichnam ihres verstorbenen Mannes auf einem Scheiterhaufen
VERBOT	1829 durch die Engländer

Witwenopfer sind eigentlich seit 1829 verboten.

Obwohl es im Hinduismus äußerst mächtige Göttinnen gibt, galt es traditionell als Dharma für sterbliche Frauen, zu heiraten und ihre **Pflichten gegenüber Mann und Familie** zu erfüllen. Wann der **Brauch** aufkam, dem Gatten auch in den Tod zu folgen, weiß man nicht genau. Erste Berichte gibt es schon aus der Antike – wo aber auch in anderen Kulturen Frauen und Diener den Fürsten in den Tod folgten. In Indien jedoch wurde das **Witwenopfer** in religiösen Schriften und von Brahmanen zunehmend verherrlicht und man bescheinigte ihm ganz immense Auswirkungen auf das Karma. Etwa ab 700 wurde der Brauch vor allem in den oberen Kasten Nordindiens immer üblicher, in den Herrscherfamilien Rajasthans schließlich sogar Pflicht. Frauen, die sich dem entzogen, galten als **untreu**, während diejenigen, die sich verbrannten, teilweise als lokale Gottheiten verehrt wurden, die aus dem Jenseits die ganze Dorfgemeinschaft mütterlich beschützten. Allerdings war dies keineswegs überall und in allen Schichten so. Erhebungen der Engländer ergaben, dass etwa eine von 430 Witwen verbrannt wurde.

AUSWIRKUNGEN

Auch heute noch gibt es immer wieder **Einzelfälle von Witwenverbrennung**. Sie sind zwar sehr selten, aber danach pilgern meist Tausende zu diesen Orten. Offiziell ist allerdings nicht nur jede direkte oder indirekte Unterstützung, sondern auch die **Verherrlichung** des Sati verboten.

79 Die Puranas

An den Puranas scheiden sich die Geister. Für manche Hindus sind sie göttliche Offenbarungen, andere lehnen sie ab.

INHALT	Sammlungen von Mythen und Ritualen rund um eine bestimmte Gottheit
WANN?	Ca. 350–1000
WIE VIELE?	18 Hauptpuranas und unzählige weniger wichtige

Die Puranas (alte Geschichten) sind Kompendien zur Verehrung einer bestimmten Gottheit. Sie erzählen von **Bedeutung und Taten** dieser Gottheit seit Erschaffung der Welt. Darin verwoben sind auch **Erzählungen über Könige und Helden**, deren historischer Kern jedoch meist fraglich ist. Weiter beschreiben sie die Riten und Zeremonien, wie diese Gottheit zu verehren ist. Es finden sich aber auch philosophische Erörterungen über richtige Verhaltensweisen, erstrebenswerte Lebensziele und Möglichkeiten der Erlösung darin. Teilweise sind sie in Diskussionen der Götter untereinander verpackt. Das bekannteste und beliebteste Purana ist das *Bhagavata*, das sich mit Vishnu und seinen Avataren befasst. Zentrales Element ist die **Geschichte des Avatars Krishna**, die viele Elemente einer Schelmenerzählungen aufweist, etwa wenn der junge Krishna Hirtenmädchen nachstellt oder Butter stiehlt.

Krishna

AUSWIRKUNGEN

Die Puranas mit ihren Mythen und Ritualen beeinflussten vor allem die **Volksfrömmigkeit**. Doch sie enthalten in ihren Geschichten und Erörterungen auch spirituelle Tiefe. Ihr Wert wird unterschiedlich eingeschätzt. Vor allem die Richtungen des Vishnuismus und Shivaismus gehen auf die mit der jeweiligen Gottheit verbundenen Puranas zurück und begreifen diese als **göttliche Offenbarungen**. Generell gelten sie jedoch als heilige **Schriften zweiter Klasse**. Manche philosophischeren Denker lehnen sie sogar ab.

DIE KASTEN

80

So bunt und vielfältig die hinduistische Religion ist, so erstarrt war lange Zeit das soziale System. Doch auch die Kasten hatten ihre Wurzeln im religiösen Denken.

BEDEUTUNG	Lat. castus = rein, exklusiv. Die Inder sprechen von Varnas (Farben) und Jatis (Geburtsgruppen).
WIE VIELE?	Traditionell vier Varnas mit zahlreichen Unterklassen
ENDE	1949 (Gründung der Republik Indien) offizielle Abschaffung der Diskriminierung aufgrund von Kasten

Das indische **Kastensystem** geht vermutlich auf die Kluft zwischen **arischen Eroberern** und unterworfenen **indischen Stämmen** zurück. Die Einteilung in Brahmanen (Priester), Kshatriyas (Krieger), Vaishyas (Kaufleute) und Shudras (Arbeiter) wird schon in einem Mythos im *Rigveda* erwähnt. Außer diesen **vier Varnas** gab es noch die **Unberührbaren** (Parias oder Dalits), die unterhalb des Kastensystems standen und von allen anderen gemieden wurden. Diese ursprünglich wohl politische Hierarchie wurde schon bald religiös begründet. Die Geburt eines Menschen in eine bestimmte Kaste ist eine Folge seines Karmas. Je mehr er das akzeptiert und sich dem Dharma unterwirft, desto besser werden seine Chancen für das nächste Leben. In der Praxis erfolgte die soziale Trennung nicht in die vier Varnas, sondern in Tausende von **Jatis** (Geburtsgruppen).

1949 wurde Indien zur Republik.

AUSWIRKUNGEN

Das Kastensystem prägte Indien lange Zeit. Man heiratete in der Regel innerhalb seiner Kaste, übte denselben Beruf wie der Vater aus und mied Menschen aus einer niedrigeren Kaste. Trotz der Abschaffung spielt sich das Sozialleben vieler Menschen immer noch **innerhalb der eigenen Kaste** ab. Die positive Seite sind Hilfe und Zusammenhalt. Vor allem aber die Situation der Dalits ist trotz staatlicher Förderprogramme teilweise noch immer sehr schlecht.

81

Religiöse Autoritäten im Hinduismus

Das Wort Guru hat im Westen einen negativen Beigeschmack. Doch die Hindus glauben, dass ein religiöser Lehrer für den spirituellen Weg notwendig ist.

BEDEUTUNG	Guru = Gewichtiger; Sadhu = Guter
WICHTIGE GRUPPEN	Priester (Brahmanen), Lehrer (Gurus), Mönche (Sadhus)
WANN?	In der Zeit der Upanishaden (ca. ab 700 v. Chr.)

Ein Priester ist im Hinduismus jemand, der Opfer durchführt und die Veden eingehend studierte. In der Frühzeit durfte nur Priester werden und sich mit den heiligen Schriften beschäftigen, wer in die **oberste Kaste der Brahmanen** hineingeboren worden war. Seine glückliche Geburt galt als Zeichen, dass er ein gutes Karma und die nötige Reinheit mitbrachte. Trotzdem wird in den heiligen Schriften darauf hingewiesen, dass nur sein **Lebenswandel** den wahren Brahmanen ausmacht. Als **Guru** wird dagegen ein religiöser Lehrer bezeichnet. Früher war es üblich, dass Jungen aus den oberen Kasten mehrere Jahre lang im Haus eines Gurus lebten und unterwiesen wurden. Danach hielten sie weiter Kontakt zu ihm und suchten in **spirituellen Fragen** seinen Rat. Für die Autorität eines Gurus war es wichtig, dass er selbst einen angesehenen Lehrer vorweisen konnte und so in einer **Traditionskette** stand. Mehr und mehr traten jedoch auch **unkonventionelle Gurus** auf, die neue Lehren vertraten. Viele von ihnen lebten als **Sannyasins** (Entsagende) in **völliger Besitzlosigkeit**.

Ein Guru ist ein religiöser Lehrer.

Mit der Zeit entstanden auch immer mehr Orden, deren Mitglieder als **Sadhus** oder **Swamis** (Meister) bezeichnet werden. Diese leben teilweise als Eremiten, teilweise in Gemeinschaften (Ashrams). Manche lehren als Gurus, andere widmen sich ganz der **Meditation**. Beim Eintritt in den

Beim Meditieren am Fluss

Orden steht es den meisten Sadhus frei, welche **persönlichen Gelübde** sie leisten. Dabei gibt es zahlreiche, für Menschen anderer Kulturen bizarr wirkende Elemente, wie etwa Sadhus, die jahrelang einen Arm hochhalten. Bei einem Großteil der Inder aber genießen solche Asketen hohes Ansehen, weil man davon ausgeht, dass sie ihre Leiden und Entbehrungen auf sich nehmen, um das Karma aller zu verbessern. Grundsätzlich leben alle religiösen Autoritäten von **freiwilligen Gaben**.

AUSWIRKUNGEN

Die Vielfalt der religiösen Autoritäten sorgt bis heute für die **Vielfalt des hinduistischen Glaubens**. Es gibt konventionelle Richtungen, bei denen weiterhin die Priester, die Opfer und die Veden eine große Rolle spielen, und solche, die von Gurus geleitet werden, denen von ihren Anhängern ein fast gottgleicher Rang zugesprochen wird. Gerade Letztere übten auch **große Faszination** auf Sinnsuchende der westlichen Kultur aus, wobei sie oft Züge annahmen, die den hinduistischen Vorstellungen von Dharma vollkommen konträr entgegenstanden. Etwa wenn die Schüler als Sannyasins zu leben hatten, der Guru aber in weltlichen Genüssen schwelgte.

DIE VIER ASHRAMAS

Idealerweise soll ein männlicher Hindu vier Lebensstufen durchlaufen. Das erste Viertel seines Lebens als Schüler, das zweite als Haushaltsvorstand, der seinen Platz in der Gesellschaft einnimmt, heiratet und Kinder bekommt. Sind diese Pflichten erfüllt, dann soll er sich als ein „in die Waldeinsamkeit Gehender“ immer mehr aus der Gesellschaft zurückziehen und sich – etwa als Mönch in einem Ashram – Religion und Philosophie widmen, bis er schließlich als Sannyasin, als ein „die Welt Aufgebender“, alles hinter sich lässt und die Erlösung sucht. Auf diese Weise erreiche man alle vier erstrebenswerten Ziele – nämlich Dharma (rechten Lebenswandel), Artha (Reichtum), Kama (Vergnügen) und Moksha (Erlösung).

82 YOGA

Im Westen ist Yoga eine Art von Gymnastik. Im Hinduismus ist es ein Weg zur Erlösung.

BEDEUTUNG	Sanskr. Yoga = Joch
ZIEL	Durch Yoga sollen wie über ein Joch Zugtiere (Sinne), Wagen (Körper), Kutscher (Verstand) und Ladung (Seele) verbunden werden und sich in eine Richtung (hin zur Erlösung) bewegen.
WICHTIGSTES WERK	*Yoga-Sutra* von einem Gelehrten namens Patanjali im 2. Jh. v. Chr., Wurzeln bereits in den Upanishaden

Yoga geht davon aus, dass man zur Erlösung kommen kann, indem man **Kontrolle über seinen Geist** und seine Sinne gewinnt. Ursprünglich war es ein rein spiritueller Weg, zu dem im Lauf der Zeit immer mehr körperliche Übungen gekommen sind. Das **klassische Raja-Yoga** gemäß dem *Yoga-Sutra* lehrt **acht Stufen**: 1. moralisch leben, 2. seine Psyche disziplinieren, 3. Körper und Geist durch gymnastische Haltungen (Asanas) harmonisieren, 4. den Atem beherrschen, 5. die Außenwahrnehmung abschalten und die Sinne nach innen richten, 6. sich auf einen Gedanken konzentrieren, 7. meditieren, 8. sich versenken und eins werden mit dem Göttlichen. Was im Westen als Yoga praktiziert wird, sind in der Regel nur die **Asanas** gemäß dem sehr **körperbetonten Hatha-Yoga**, das im 15. Jahrhundert aufkam.

Die Yogaübungen werden Asanas genannt.

AUSWIRKUNGEN

Obwohl Yoga in Indien als Philosophie gilt, hat es eigentlich **keine philosophischen Inhalte**. Es ist auch nicht an eine bestimmte Glaubensrichtung gebunden, sondern kann auch von Menschen anderer Weltanschauungen genutzt werden, um mystische Erfahrungen zu machen. Im Westen geht es beim Yoga aber meist nur darum, das körperliche und psychische Wohlbefinden zu verbessern.

Bhakti-Hinduismus

83

Bhakti ist die liebevolle Hingabe an einen persönlichen Gott. Es ist ein Prinzip, das in vielen Richtungen des Hinduismus zu finden ist.

BEDEUTUNG	Sanskr. Bhakti = Hingabe
WANN?	Ab dem 5. Jh. in Südindien
QUELLE	*Bhagavad Gita*

Gefühle, Gedanken und Handlungen gelten einem personalen Gott.

„Wir können das Ziel der Vollkommenheit, die erlösende Wahrheit auf drei verschiedenen Wegen erreichen", heißt es in der *Bhagavad Gita*. „Durch Erkenntnis der Wirklichkeit, durch liebende Anbetung des höchsten Gottes oder durch Unterwerfung unseres Willens unter die göttliche Absicht." Während der vedische **Brahmanismus** eher für **Unterwerfung** stand und die Philosophie der **Upanishaden** für **Erkenntnis**, war die **emotionale Beziehung** zu einem personalen Gott bis dato vor allem ein Element der **Volksfrömmigkeit**. In der *Bhagavad Gita* wurde sie erstmals in einer heiligen Schrift als **Weg zur Erlösung** dargestellt. In der Folge fand das Prinzip des Bhakti dann weite Verbreitung. Dabei wird die Existenz eines unpersonalen Brahman nicht geleugnet, die religiösen Gefühle, Gedanken und Handlungen gelten jedoch einem **personalen Gott**. Für die meisten Bhakti-Anhänger ist das einer der traditionellen Götter, für manche aber auch ihr Guru. Es gibt sogar solche, die diese emotionale Beziehung zum unpersönlichen Brahman suchen.

Auswirkungen

Obwohl das Prinzip des Bhakti uralt ist, kam es erst im **5. und 6. Jahrhundert** zu einer expliziten **Bhakti-Bewegung**, die sich dann rasant ausbreitete und den Hinduismus, aber auch die indische Kunst und Kultur prägte. Auch im Yoga gibt es eine Richtung, die sich speziell um liebende Hingabe bemüht. Aus dem Geist des Bhakti heraus erwuchs oft auch **Kritik am Kastensystem** und an gesellschaftlichen Missständen aller Art.

84 TANTRA-HINDUISMUS

Tantra wird häufig nur mit sexuellen Praktiken in Verbindung gebracht. In Wahrheit geht es auch hier um Erkenntnis.

BEDEUTUNG	Sanskr. Tantra = Zusammenhang
WANN?	Im 2. Jh., in voller Ausprägung ab dem 7. Jh.
BEKANNTESTER INHALT	Chakrenlehre

Während andere hinduistische Strömungen lehren, dass die materielle Wirklichkeit nur Illusion ist oder ganz klar von der geistigen Wirklichkeit getrennt existiert, gehen die Anhänger des **Tantra** davon aus, dass die materielle Welt die **Manifestation der göttlichen Energie** und mit der geistigen Welt verwoben ist. Deshalb – so die Lehre – kann man über die **Aktivierung körperlicher Energieströme** und magische Praktiken Einfluss auf die geistige Welt erlangen. Ein zentraler Bestandteil ist die **Chakrenlehre**. Demnach kann durch **Kundalini-(Schlangen-)Yoga** am unteren Ende der Wirbelsäule die weibliche, Universalkraft (Shakti) aktiviert werden und über mehrere **Energiezentren** bis zum Kopf aufsteigen, wo sie sich mit der männlichen **Universalkraft** (Shiva) vereint. Andere wichtige Elemente des Tantra-Hinduismus sind **Mandalas** (kreisförmige Ornamente), **Mudras** (Handhaltungen) oder **Mantras** (Wortwiederholungen). In einigen tantrischen Sekten wird auch ritueller Geschlechtsverkehr praktiziert, um weibliche und männliche Urkraft zu vereinigen. Auch hier ist die Erlösung aus dem Kreislauf der Wiedergeburten das Ziel.

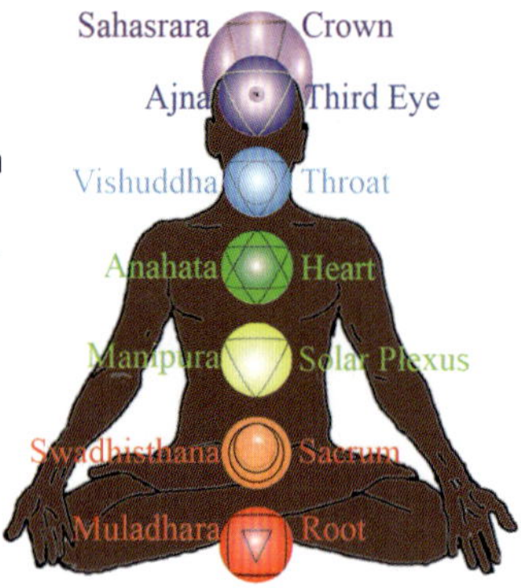

Verschiedene Chakren

AUSWIRKUNGEN

Tantra ist eine hinduistische **Geheimlehre**, die eigentlich nur von **Eingeweihten** weitergegeben werden darf. Teile davon, allen voran die Chakrenlehre und bestimmte Sexualpraktiken, sind inzwischen auch in anderen Kulturen verbreitet, wobei oft unklar ist, was von dem, was Tantra genannt wird, wirklich hinduistische Wurzeln hat.

Hinduistische Feste

85

In kaum einem Land werden die Götter mit so aufwendigen Festen geehrt wie in Indien. Doch die meisten Menschen zieht das Bad im Ganges an.

AM WICHTIGSTEN	Kumbh Mela, das Badefest am Ganges
WOZU?	Sündenbefreiung durch ein Bad im Ganges
WEITERE FESTE	Divali (Lichterfest), Holi (Frühlingsfest), Durga Puja (Verehrung der Göttin Durga), Ganesha Caturthi (Ganeshas Geburtstag), Krishna Janmashtami (Krishnas Geburtstag), Mahashivarati (Große Nacht Shivas), Rakhi Bandan (Anbinden der Dämonen)

So vielfältig der Hinduismus ist, so zahlreich sind auch seine Feste. Jede Richtung, jeder Tempel haben ihre eigenen Festtage. Dabei werden meist Bilder oder Statuen der Gottheiten in **Prozessionen** mit Festwagen, Tanz und Musik durch die Straßen getragen. Das größte religiöse Fest ist **Kumbh Mela**, das alle drei Jahre wechselweise an vier verschiedenen Orten am **Ganges** gefeiert wird und 2001 von geschätzten 60 Millionen Gläubigen besucht wurde. Der Tradition nach sollen an diesen Orten vier Tropfen des **Unsterblichkeitsnektars** vom Himmel auf die Erde gefallen sein. Ein Bad im Fluss befreit angeblich von allen Sünden. Ein fröhliches Familienfest dagegen ist **Divali**. Gefeiert wird die Rückkehr von Rama aus dem Exil. Um ihn zu begrüßen, stellt man Lichter auf und entzündet Feuerwerk.

An Kumbh Mela soll ein Bad im Ganges die Sünden fortwaschen.

Ebenfalls allgemeine Bedeutung hat das **Frühlingsfest** Holi, bei dem Strohfiguren der Dämonin Holika verbrannt werden und die Menschen sich gegenseitig mit buntem Puder oder gefärbtem Wasser besprengen.

AUSWIRKUNGEN

Abgesehen von Kumbh Mela sind die meisten hinduistischen Feste ausgelassene und aufwendige **Festivals zu Ehren eines Gottes**, die sich meist über mehrere Tage hinziehen.

86 Religiöse Rituale

Rituale werden im Hinduismus zu den vielfältigsten Gelegenheiten vollzogen. Am wichtigsten sind sie an den Übergängen im Leben.

RITUALE	Pujas (Verehrungen) und Samskaras (Übergangsriten)
ELEMENTE	Beten und Singen von Mantras, Gaben für die Götter, das Schwenken von Lichtern (Aarti)
WANN?	Kleine Pujas täglich, große nach Belieben, Samskaras zu bestimmten Zeitpunkten im Leben

Die **Puja** ist die Verehrung eines Götterbildes. Oft werden Bitten damit verbunden. Sie kann vor dem Hausaltar oder in einem Tempel stattfinden, nur wenige Sekunden dauern, aber auch aus über 100 Elementen bestehen. **Typische Elemente** einer Puja: Man beschwört die Gottheit, in der Statue anwesend zu sein. Dann begrüßt man sie, wäscht, kleidet und schmückt sie, betupft sie mit duftenden Pasten und bietet ihr Blumen, Räucherstäbchen und vegetarische Opferspeisen wie Obst und Ghee (Butterschmalz) an. Am Ende wird die Gottheit entlassen. In den Tempeln geht man davon aus, dass die Götter ständig anwesend sind, aber mehrmals täglich durch Pujas „versorgt" werden müssen. Jede Silbe, die während einer Puja gesprochen oder gesungen wird, gilt als **Mantra** („Instrument des Denkens"), das spirituelle Energie freisetzt. Zur Meditation wiederholt man einsilbige Mantras immer wieder. Das heiligste Mantra ist **Om**. Es steht für Brahman und soll dem **Urklang** entsprechen, aus dem heraus die gesamte Schöpfung entstanden ist. Samskaras dagegen sind Übergangsriten, die zu bestimmten Gelegenheiten im Leben vollzogen werden.

Om

AUSWIRKUNGEN

Auch wenn Pujas und Samskaras von den meisten Hindus vollzogen werden, unterscheiden sie sich stark **nach religiöser Richtung** und Region. Manche Hindus lehnen die Bilderverehrung auch ganz ab.

Religiöses Leben

87

Welche Rolle Religion im Leben spielt, ist auch im Hinduismus bei jedem Gläubigen verschieden. Im Angebot sind jedoch weit mehr Rituale als in anderen Religionen.

ELEMENTE	Samskaras zu den Lebensübergängen, Pujas, Wallfahrten zu bestimmten Tempeln, vegetarische Ernährung, religiöse Unterweisung bei einem Guru
WICHTIGSTE RITUALE	Samskaras zu Beginn der religiösen Unterweisung, zur Eheschließung und zur Verbrennung der Toten
WEITERE ANLÄSSE	Samskaras vor und zur Geburt eines Kindes, zur Namensgebung, zum Stechen der Ohrlöcher, zum Beginn der Ausbildung, zur ersten Rasur; Pujas bei Anliegen jedweder Art, beim Beginn von etwas Neuem (etwa Arbeit, Geschäftseröffnung, Umzug), zum Schutz der Gesundheit

In den meisten Hindu-Haushalten findet sich ein **Schrein** mit dem Bild oder der Figur einer Gottheit. Vor diesem Bild pflegt man am Morgen eine kurze, nur einige Momente dauernde **Anbetung** zu halten, um sich durch den Anblick des Gottes Energie für den Tag zu holen und seine Anliegen vorzutragen. Zu besonderen Anlässen vollzieht man feierlichere und aufwendigere Riten vor dem Schrein. Samskaras dagegen finden zu bestimmten Lebenssituationen statt. Während viele Rituale von jedem Gläubigen durchgeführt werden können, ist zu anderen ein **Priester** oder ein Besuch im Tempel nötig, etwa für ein **Feueropfer** (Yajna), das Kern einer Hochzeitszeremonie ist. Viele Menschen pilgern bei besonderen Anlässen auch zu bestimmten Tempeln.

Die meisten Hindu-Haushalte besitzen einen Schrein.

AUSWIRKUNGEN

Zusätzlich zu den zentralen religiösen Riten gibt es eine Vielzahl weitere, die ihre Wurzeln oft mehr in der **Tradition** haben. So ist z.B. eine indische Hochzeit ein **mehrtägiges Event** mit zahlreichen Riten, die üblich, aber nicht verpflichtend sind.

88 Der Neohinduismus

Der Kontakt mit der westlichen Welt führte in Indien zu einer Auseinandersetzung mit der eigenen religiösen und sozialen Tradition.

WER?	Ram Mohan Roy (1772–1833), Dayananda Saraswati (1824–83), Swami Vivekananda (1863–1902), Rabindranath Tagore (1861–1941), Mahatma Gandhi (1869–1948)
WANN?	19. Jh.
ZIELE	Soziale Reformen, Anpassung der Religion an die Moderne, mehr Einheitlichkeit, Stärkung des indischen Nationalbewusstseins

Der Neohinduismus ist alles andere als eine einheitliche Bewegung und eng mit politischen, sozialen und kulturellen **Umwälzungen** im 19. Jahrhundert verbunden. Die meisten religiösen Reformbewegungen dieser Zeit lehnten das Kastenwesen mit seinen **sozialen Missständen**, die Witwenverbrennung, die Kinderehen, aber z.B. auch die exzessive Verehrung unzähliger Götterbilder ab. Aber während etwa **Ram Mohan Roy** einen hinduistischen Monotheismus begründete, initiierte **Dayananda Saraswati** eine **Rückbesinnung** auf die reine Lehre der Veden. Und die **Missionare** der Ramakrishna-Bewegung des **Swami Vivekananda** warben erstmals im Ausland für den Hinduismus. Obwohl sich die Reformer in vielen Dingen an westlichen Vorbildern orientierten, ging es letztendlich darum, den Hinduismus und die indische Kultur von Missständen zu befreien, Stolz auf die positiven Errungenschaften der eigenen Kultur zu entwickeln und die englische Herrschaft abzuschütteln. Auch der Dichter **Tagore** und der Freiheitskämpfer **Gandhi** sind dem Neohinduismus zuzurechnen.

Mahatma Gandhi gehört dem Neohinduismus an.

Auswirkungen

Im Grunde genommen fing man damals erst an, die vielen religiösen Richtungen Indiens als gemeinsame, hinduistische Religion wahrzunehmen, ebenso wie ein **Zusammengehörigkeitsgefühl** der vielen indischen Regionen entstand.

Grundlagen des Buddhismus

89

Im Gegensatz zu den anderen Religionen kennt der Buddhismus keine Abhängigkeit von einem Gott. Stattdessen hat jeder Mensch seine Erlösung selbst in der Hand.

WANN?	Spätes 6 Jh. v. Chr.
WO?	Bodhgaya im nordindischen Bundesstaat Bihar
WIE VIELE?	Ca. 350–500 Mio. Menschen

Belanvilla-Tempel in Colombo

Dem Buddhismus wird gelegentlich abgesprochen, überhaupt eine Religion zu sein, weil er **keinen Gott** kennt, nicht einmal ein unveränderliches, göttliches Prinzip. Wie die Hindus gehen die Buddhisten von einem zyklischen Weltbild und einer **ständigen Wiedergeburt** aus. Auch sie glauben, dass Karma von einem Leben ins andere mitgenommen werde. Ziel ist es, kein Karma mehr zu erzeugen und ins **Nirwana** (Verwehen) einzugehen. Dies gelingt nur jenen, die „erleuchtet" worden sind. Zu dieser Erleuchtung (bodhi = Erwachen) kann grundsätzlich jeder gelangen. Wesentlich ist es, sich von allen Begierden zu befreien. Auf dem Weg dahin gilt es, ein **ethisch einwandfreies Leben** zu führen und die Kunst der Versenkung zu vervollkommnen. Dafür bedarf es nicht unbedingt eines Priesters oder Gurus. Der Gründer **Siddhartha Gautama** lehnte Dogmatismus ab und forderte seine Anhänger auf, Autoritäten nicht blind zu vertrauen, sondern ihren Weg **eigenverantwortlich** zu suchen.

AUSWIRKUNGEN

Die „gottlose" Vorstellung des Buddhismus stellt eine außergewöhnliche Form von Religion dar, die auf viele andere Philosophien und Weltanschauungen inspirierend wirkte. Da ihm die Dogmatik fehlt, gibt es im Buddhismus normalerweise auch keine Berührungsängste mit anderen Religionen, sodass er in der Regel ein Beispiel für **religiöse Toleranz** darstellt.

90 Siddhartha Gautama

Schockiert von dem Leid der Welt, suchte ein nepalesischer Prinz nach einem Weg zur Erlösung. Dabei revolutionierte er religiöse Vorstellungen.

BEDEUTUNG	Buddha = Erwachter, allgemein auch Erleuchter
WANN?	Traditionell 563– 483 v. Chr., nach neuerer Forschung 60–120 Jahre später
WO?	Nepal und Nordostindien

Der Überlieferung nach verließ Siddhartha Gautama mit 29 Jahren erstmals den Palast und kam mit dem Elend in Berührung. Daraufhin beschloss er, **Asket** zu werden. Sechs Jahre lang unterwarf er sich den strengsten Übungen, ohne spirituelle Befriedigung zu erlangen. Als er aber in einer Vollmondnacht in tiefer Versenkung unter einer Pappelfeige saß, soll das **spirituelle Erwachen** (Bodhi) über ihn gekommen sein. Er habe begriffen, dass alles Leid aus der Begierde resultiere und nur das Loslassen jeder Begierde – auch der Begierde nach Erkenntnis – zur Erlösung von diesem Leid führe. Nach seinem Erwachen (meist als Erleuchtung bezeichnet) begann er zu lehren und **Anhänger** um sich zu scharen. Seine Lehre (Dharma) verstand er nicht als göttliche Offenbarung, sondern als die **innere Ordnung der Welt**, die sich ihm durch seine meditative Schau erschlossen habe und die von jedem nachvollzogen werden könne. Unmittelbar nach seinem Tod hielten seine Anhänger ein erstes Konzil ab, um seine Lehre weiterzugeben.

Siddhartha Gautama

AUSWIRKUNGEN

Siddhartha Gautama übernahm viele Elemente der indischen Religion seiner Zeit, lehrte aber, dass zur Befreiung aus dem **Kreislauf der Wiedergeburten** weder Priester noch Riten notwendig seien, und verwarf die Existenz von Göttern. Daneben lehnte er auch das Kastensystem ab und betrachtete Männer und Frauen als gleichberechtigt.

Der Edle Achtfache Pfad

Nicht das Jenseits spielt im Buddhismus die größte Rolle, sondern das rechte Leben im Diesseits. Den Weg weist der Achtfache Pfad.

BEGINN	Verkündung im Rahmen der ersten Lehrrede Buddhas in Sarnath im Jahr 589 v. Chr. (gemäß der traditionellen Lebenszeit)
INHALT	Rechte Erkenntnis, rechte Gesinnung, rechte Rede, rechtes Handeln, rechter Lebenserwerb, rechte Anstrengung, rechte Achtsamkeit und rechte Konzentration
SYMBOL	Die acht Speichen des buddhistischen Rades

Der **zentrale Gedanke** des Buddhismus ist in den „Vier Edlen Wahrheiten" enthalten. Diese lauten verkürzt: 1. Leben bedeutet Leiden, 2. Leid entsteht durch Begierde, 3. nur wenn das Begehren schwindet, schwindet auch das Leiden, 4. der Weg dahin ist der Achtfache Pfad. Dieser Pfad wiederum fordert, dass Erkenntnis, Gesinnung, Reden, Handeln, der Lebenserwerb, alle Anstrengungen, Achtsamkeit und Konzentration „samma" sein müssen, was meist mit „recht" übersetzt wird, aber auch „vollkommen" bedeutet. Ein Schlüsselwort ist die **Achtsamkeit**. Wer zur Erleuchtung gelangen will, muss darauf achten, welche Auswirkungen seine Handlungen auf ihn und seine Umwelt haben. Ziel ist es, seiner Umwelt gleichmütig, aber nicht gleichgültig gegenüberzustehen. Gier, Hass und Verwirrung sollen abgelegt und stattdessen ein **liebendes Mitgefühl** für alles Existierende entwickelt werden. In den „Fünf Gelübden" schwören buddhistische Gläubige, auf keinen Fall zu töten, zu stehlen, zu lügen, niemandem durch sexuelles Fehlverhalten Leid zuzufügen und sich aller Rauschmittel zu enthalten.

Die acht Speichen symbolisieren den Achtfachen Pfad.

AUSWIRKUNGEN

Der Achtfache Pfad wird auch von vielen Anhängern anderer Religionen oder religiös nicht gebundenen Menschen als eine **gute Richtschnur** für deren Leben empfunden.

92 DAS NICHTSELBST

Der Buddhismus geht nicht nur davon aus, dass es keine Götter gibt. Er glaubt auch nicht an eine unsterbliche Seele.

BEDEUTUNG	Pali „Anatta“ = Nichtselbst
INHALT	Verneinung eines unveränderlichen Selbst bzw. einer Seele
EINORDNUNG	Zusammen mit Leid (Dukkha) und Veränderung (Anicca) eines der „Drei Daseinsmerkmale der menschlichen Existenz“

Alles ändert sich ständig. Das ist ein ganz wesentlicher Gedanke im Buddhismus. In der „Zwölfgliedrigen Kette des bedingten Entstehens“ beschrieb Siddhartha Gautama, wie aus dem Nichtwissen Formen entstehen, sich das Bewusstsein mit Körper und Sinnen verbindet, Kontakt zur Welt aufnimmt, zu empfinden beginnt, Begehren entwickelt, in Gewohnheiten verfällt und Leid erlebt. Dies alles, so der Buddha, geschieht scheinbar einem Selbst, das hinter **fünf veränderlichen Skandhas** (Körper, Empfindungen, Wahrnehmungen, Geistesformationen und Bewusstsein) stehe. Wer jedoch den ständigen Wandel betrachte, der entdecke, dass es nichts gebe, was die Skandhas kontrolliere. Daraus folgert er, dass es **kein unveränderliches „Selbst“** gebe, sondern nur ein „Nichtselbst“, das mit diesen Skandhas verhaftet sei. Wer dies erkenne, der werde die Bindung an die Skandhas aufgeben. Dann gebe es auch **kein Karma** mehr, das als Impuls an ein nächstes Leben weitergegeben werde. Die Illusion des Selbst verlösche und die Befreiung könne erreicht werden.

Junge Mönche

AUSWIRKUNGEN

Diese Lehre des Nichtselbst ist sogar für manche Buddhisten schwer hinzunehmen. So gibt es im Mahayana-Buddhismus Schriften, die davon ausgehen, dass es neben den vergänglichen Skandhas noch eine **Essenz im Menschen** gebe, die unsterbliche **Buddha-Natur**. Diese ähnelt dem hinduistischen Atman oder der christlichen Seele.

DAS NIRWANA

93

Die Vorstellung vom Nirwana ist schwer zu begreifen. Es entspricht weder dem christlichen Himmel noch ist es das Nichts.

WORTHERKUNFT	Sanskr. Nirwana = Verwehen
BEDEUTUNG	Das Ziel bzw. endgültige Heil
EIGENSCHAFTEN	Absolut, unveränderlich

Nicht nur Westeuropäer tun sich schwer, das Nirwana zu begreifen. Auch in der buddhistischen Literatur wird darum gerungen, diesen Begriff zu fassen, und es finden sich durchaus **widersprüchliche Ansichten**. So nannte Siddhartha Gautama das Nirwana das höchste Glück, machte andererseits aber auch klar, dass es nur erreicht werden könne, wenn menschliche Glücksvorstellungen bzw. die Begierde nach Glück überwunden werden. In der Volksfrömmigkeit gibt es Darstellungen, die dem Paradies anderer Religionen gleichen, in philosophischen Abhandlungen wird dieser Vergleich strikt abgelehnt. Auf jeden Fall aber bedeutet Nirwana das **Verwehen** von allem Ärger, aller Begierde und aller Verwirrung bzw. Unwissenheit. Wer im Nirwana ist, wird vom Irdischen befreit und befindet sich im **absoluten Frieden**. Dies kann schon zu Lebzeiten erreicht werden. Wer die Erleuchtung erlebte – wie Buddha –, befindet sich im Nirwana. Alles Weltliche, so die Vorstellung, treffe ihn zwar, perle aber an ihm ab wie Wassertropfen von den Lotosblättern. Der endgültige Zustand der **Befreiung** nach dem Tod wird oft als Pari-Nirwana bezeichnet.

Was ist das Nirwana?

AUSWIRKUNGEN

Letztendlich kann das Nirwana genauso wenig befriedigend beschrieben werden wie das Göttliche in anderen Religionen. Obwohl das Nirwana gelegentlich auch als das **Nichts** oder die Leere beschrieben wird, ist damit vor allem die Abwesenheit von allem Weltlichen wie Veränderung, Begierde, Unfrieden und Leid gemeint.

94 Richtungen des Buddhismus

Auch im Buddhismus bildeten sich im Lauf der Zeit unterschiedliche Strömungen.

DIE HAUPTRICHTUNGEN	Hinayana, Mahayana, Vajrayana
WICHTIGE UNTERGRUPPEN	Theravada, Zen-Buddhismus, tibetischer Buddhismus
SYMBOL	Das Rad der Lehre (Dharma-Chakra), das Buddha in Bewegung gesetzt hat. Es rollt, bis der letzte Mensch erlöst ist. Der Hinayana wird als erste, der Mahayana als zweite und der Vajrayana als dritte Drehung des Rades angesehen.

Meditation spielt allgemein eine große Rolle.

Etwa 100 Jahre nach Siddhartha Gautamas Tod spalteten sich seine Anhänger. Die einen waren der Meinung, dass es nur ganz wenigen, besonderen Menschen vorbehalten sei, zur Erleuchtung zu gelangen, die anderen dagegen vertraten die Auffassung, jeder Mensch habe das Potenzial, erleuchtet zu werden. Diese Richtung nannte sich **Mahayana** (Großes Fahrzeug) und bezeichnete die älteren Schulen als Hinayana (Kleines Fahrzeug). Von diesen existiert heute nur noch der Theravada (Lehre der Ältesten). Er erkennt nur die Lehren Buddhas als wegweisend an, während der Mahayana-Buddhismus auch Elemente anderer asiatischer Religionen und Philosophien integrierte. So enthält z.B. der **Zen-Buddhismus**, eine der Strömungen des Mahayana, viele Elemente des Taoismus. Die jüngste große Richtung des Buddhismus ist der **Vajrayana** (Diamantfahrzeug) oder tantrische Buddhismus. Dieser war zunächst eine Geheimlehre, in der **Meditationsübungen** mit körperlichen Aspekten eine große Rolle spielen.

AUSWIRKUNGEN

Welcher Richtung ein Buddhist angehört, liegt meist an seinem **Heimatland**. Der Theravada ist vor allem in Sri Lanka, Thailand, Laos, Kambodscha und Myanmar verbreitet, der Mahayana-Buddhismus in China und Japan und der tantrische Buddhismus in Tibet, Bhutan, Nepal und der Mongolei.

Die Bodhisattvas

95

Auch der Buddhismus kennt überirdische Wesen, die verehrt werden. Die wichtigsten sind die Bodhisattvas.

WORTHERKUNFT	Sanskr. Bodhisattva = erwachtes Wesen
BEDEUTUNG	Buddhas, die nach ihrer eigenen Erleuchtung aktiv bleiben, um allen anderen Wesen zu helfen, ebenfalls in das Nirwana einzugehen
BEDEUTENDE BODHISATTVAS	Avalokiteshvara, Manjushri, Vajrapani, Amitabha, Maitreya

Kann jemand, der die Erleuchtung erfuhr, einfach ins Nirwana eingehen, ohne sich um all jene Wesen zu kümmern, die noch immer im Kreislauf der Wiedergeburten leiden? Vor allem im Mahayana und **tantrischen Buddhismus** herrscht die Vorstellung, dass es **Bodhisattvas** gibt, Erleuchtete, die freiwillig wiedergeboren werden, um den Nichterleuchteten spirituell beizustehen. Im tibetischen Buddhismus z.B. glaubt man, dass sich der Bodhisattva Avalokiteshvara im Körper des jeweiligen Dalai Lama inkarniert. Im **Mahayana-Buddhismus** dagegen ist Avalokiteshvara der Bodhisattva des universellen Mitgefühls, ein **transzendentes Wesen**, das nie ein Mensch war, sondern nur aus dem Jenseits aktiv ist. Andere transzendente Bodhisattvas sind Manjushri, der Bodhisattva der Weisheit, und Vajrapani, der Bodhisattva der Tatkraft. Sie unterscheiden sich kaum von den Göttern anderer Religionen. Besonders in China und Japan wird **Amitabha** verehrt. Seine Anhänger glauben, dass es praktisch unmöglich ist, die Erleuchtung zu erlangen, dass aber all jene, die auf Amitabha vertrauen, in einem paradiesähnlichen „Reinen Land“ wiedergeboren werden. **Theravada-Buddhisten** glauben nur an Maitreya, den Buddha der Zukunft, eine Art Messiasfigur.

Buddha mit Blütenmandala

AUSWIRKUNGEN

Die Bodhisattvas sind speziell **buddhistische Erscheinungen**, die weder als Heilige noch als Götter kategorisiert werden können. Auch innerhalb des Buddhismus werden sie verschieden bewertet.

96 BUDDHISTISCHE GOTTHEITEN

Da der Buddhismus eine Religion ohne Götter ist, ist eine buddhistische Götterverehrung eigentlich ein Widerspruch in sich. Es gibt sie trotzdem.

YIDAM	Meditationsgottheit, die die Eigenschaft eines Buddhas veranschaulicht
DHARMAPALA	„Dharmaschützer", Yidam, der die Lehre (Dharma) zu schützen hat
DEVA	Übernatürliches Geistwesen, gefangen im Kreislauf der Wiedergeburten

Schaut man die religiöse Praxis der Buddhisten in asiatischen Ländern an, dann stößt man auf eine **Vielzahl** farbenfroher, **gottähnlicher Gestalten**, die den Göttern des Hinduismus in nichts nachstehen, teilweise dieselben Namen tragen und auch ähnlich dargestellt werden. So taucht etwa der Unterweltsgott Yama im Buddhismus als zorniger Aspekt des Manjushri-Bodhisattvas auf, der die Lehre (Dharma) vor negativen Einflüssen schützt. Der tantrische Buddhismus kennt neben Buddhas und Bodhisattvas auch noch die Weisheitskönige, Schutzgötter der Buddhas, sowie eine kaum übersehbare Anzahl von sogenannten **Meditationsgottheiten** (Yidams). Diese gelten als Visualisierung eines Aspektes des Buddhas oder Bodhisattvas. Auch diese Yidams können wieder verschiedene Aspekte haben. So gilt Tara – im Hinduismus noch eine Sternengöttin – als weiblicher Aspekt des Bodhisattvas Avalokiteshvara und soll aus einer seiner Tränen entstanden sein. Sie ist die Verkörperung des Mitgefühls und hat wiederum 21 Aspekte in verschiedenen Farben, die für unterschiedliche Arten des Mitgefühls stehen.

Viele verschiedene Wesen können verehrt werden.

In Tibet glaubt man, dass die beiden Gattinnen des Königs Songtsen Gampo, die im 7. Jahrhundert für eine Verbreitung des Buddhismus sorgten, Inkarnationen der weißen und der grünen Tara waren. Doch nicht nur im tantrischen, auch im Mahayana-Buddhismus gibt es transzendente Geist- oder **gottähnliche Wesen**. Oft wurden **lokale Gottheiten** früherer Regionen in den buddhistischen Glauben integriert. Das gilt vor allem für Japan, wo viele Menschen sowohl Anhänger des Buddhismus wie des einheimischen Shinto sind. Die Shintogottheiten (Kami) werden teilweise als Meditationsgottheiten, als Bodhisattvas oder als übernatürliche, ebenfalls im Kreislauf der Wiedergeburten gefangene Wesen interpretiert.

AUSWIRKUNGEN

Die verschiedenen Geist- und gottähnlichen Wesen im Buddhismus ähneln den traditionellen Göttern anderer Religionen. Inwieweit sie auch wie traditionelle Götter verehrt oder aber nur als **Meditationshilfen** angesehen werden, hängt nicht nur von der buddhistischen Richtung ab, der man angehört, sondern auch von der **persönlichen Einstellung**. Verwirrend für Außenstehende ist, dass viele dieser Wesen in den verschiedenen ostasiatischen Religionen unterschiedlich gesehen werden.

Beten ist eine persönliche Einstellung.

BUDDHA-VEREHRUNG

Eigentlich gilt Siddhartha Gautama, der Buddha, nicht als Gott. Trotzdem wird er von vielen Buddhisten wie ein solcher verehrt. Buddhastatuen sind ab dem 2. Jahrhundert bekannt. Meistens zeigen sie ihn im Lotossitz mit Heil bringenden Handgesten (Mudras). Auch alle anderen Details, etwa die lang gezogenen Ohrläppchen oder die Form der Augenlider, sollen auf seine geistige Vollkommenheit verweisen. Die Größe der Statuen steht für die geistige Überlegenheit gegenüber gewöhnlichen Menschen. Auch in vielen asiatischen Mythen tritt Buddha wie ein Gott auf oder begegnet lokalen Gottheiten. So soll z.B. der Schlangengott Mucalinda Buddha während seiner Meditation vor Regen und Feinden geschützt haben.

97 Buddhistische Schriften

Wie in allen Weltreligionen spielen auch im Buddhismus Schriften eine große Rolle.

WANN?	1. Jh. v. Chr. (mündliche Tradition seit Buddha)
AM WICHTIGSTEN	Tipitaka (Dreikorb), auch Pali-Kanon genannt
EBENFALLS WICHTIG	Sanskrit-Kanon, tibetischer Kanon

Siddhartha Gautama hinterließ **keine schriftliche Lehre**, sondern hielt es sogar für unmöglich, Dinge über die Sprache vollkommen zu erfassen. Anfangs wurden seine Lehren von den Mönchen auswendig gelernt und **mündlich weitergegeben**. Gleichzeitig setzte auf den Konzilen eine Diskussion darüber ein, welche Sutras (Lehrreden) als authentisch und welche Vinayas (Ordensregeln) als richtig anzusehen waren. Im 1. Jahrhundert v. Chr. wurde eine Sammlung in der Sprache Pali zusammengestellt: der **Pali-Kanon**. Er wird auch Tipitaka (Dreikorb) genannt, da man die Schriftrollen in Körben aufbewahrte. Dieser Kanon besteht aus den Lehrreden Buddhas (Sutta-Pitaka), deren Interpretationen (Abhidhamma-Pitaka) und Ordensregeln (Vinaya-Pitaka). Jedoch betrachten nur die Theravada-Buddhisten diesen Kanon als einzig wahre, buddhistische Lehre. Für die Mahayana-Buddhisten spielen zusätzlich Sutras (Lehrreden) verschiedener Bodhisattvas eine große Rolle. Sie werden auch als **Sanskrit-Kanon** bezeichnet. Ebenso hat der tantrische Buddhismus seine eigenen Schriften, den **tibetischen Kanon**.

Junge Mönche beim Lesen einer Schriftrolle

AUSWIRKUNGEN

Die Wissenschaft geht davon aus, dass die im Pali-Kanon niedergeschriebenen Lehrreden Buddhas in einem hohen Maße **authentisch** sind. Da im Buddhismus aber jeder Mensch für seinen eigenen **Weg zur Erleuchtung** verantwortlich ist, geht es mehr darum, welche Schriften für die Einzelnen hilfreich sind, als darum, wer was wirklich sagte.

DAS MÖNCHTUM

98

Buddhistische Mönche und Nonnen widmen sich ganz der Suche nach Erleuchtung. Doch man kann auch nur für eine bestimmte Zeit ins Kloster gehen.

WANN?	Zu Lebzeiten Siddhartha Gautamas
ORDEN	Mönche (Bhikku) und Nonnen (Bhikkuni)
MERKMALE	Dreiteiliges Gewand (Tricivara), meist in Gelborange (Theravada), Schwarz (Mahayana) oder Rot (tantrischer Buddhismus)

Als Siddhartha Gautama starb, hinterließ er eine **„Vierfache Gemeinschaft"**: Mönche, Nonnen sowie weltliche Anhänger beiderlei Geschlechts. In der Folgezeit spielten vor allem die **Mönche als Bewahrer der Lehre** und als spirituelle Lehrer der Laien eine große Rolle. Ein Großteil ihres Lebens ist der **Meditation** und religiösen Übung gewidmet. Grundsätzlich verstehen sich die Mönche und Nonnen als Angehörige ein und desselben von Buddha ins Leben gerufenen Ordens. Trotzdem gibt es in der Praxis **beträchtliche Unterschiede** zwischen den verschiedenen Richtungen. Gemeinsam ist ihnen, dass Geschlechtsverkehr, Alkohol und nahezu jeder persönliche Besitz verboten sind. Die Mönche und Nonnen leben von **Almosen**. Der Eintritt in den Orden ist keine Entscheidung fürs ganze Leben, trotzdem ist es in manchen Ländern – etwa Sri Lanka – verpönt, das Mönchtum wieder aufzugeben.

AUSWIRKUNGEN

Während in manchen Ländern früher zehn Prozent der Bevölkerung oder mehr Ordensleute waren, sind die Zahlen heute rückläufig. Die regionalen Traditionen sind aber sehr verschieden. So ist es in einigen Ländern, etwa Thailand, üblich, dass jeder junge Mann mindestens zwei Jahre im Kloster verbringt. Vielerorts gibt es immer mehr **buddhistische Nonnen**, die es in manchen asiatischen Kulturen in der Vergangenheit kaum oder gar nicht gab.

Buddhistische Nonne

99 Kultus und Rituale

Im Buddhismus sind vor allem Meditationstechniken wichtig. Doch es gibt auch Rituale wie in anderen Religionen.

AM WICHTIGSTEN	Meditation, Versenkung
TECHNIKEN	Vipassana-Meditation, Zazen, ritualisierte Tätigkeiten, Anwendung von Mantras, Mudras, Mandalas
WALLFAHRTSORTE	Lumbini (Buddhas Geburtsort), Bodhgaya (Ort seiner Erleuchtung), Sarnath (Ort der ersten Predigt), Kusinara (Sterbeort) sowie alle bedeutenden Heiligtümer

Im Mittelpunkt des buddhistischen Glaubenslebens stehen **rituelle Handlungen** und Übungen, die die Gläubigen auf dem Weg zur Erleuchtung weiterbringen sollen. Das sind vor allem Meditation und geistige Versenkung. So lehrte Siddhartha Gautama seine Anhänger etwa die Methode des Vipassana (höheres Sehen). Der Meditierende soll seine Aufmerksamkeit durch den ganzen Körper fließen lassen und dabei Empfindungen aufspüren, die sich dort festgesetzt haben. Diese Empfindungen gilt es, gleichmütig zu betrachten, bis sie ihre Bedeutung verlieren und man sich davon lösen kann. Sehr populär im Westen ist auch das **Zazen**, das stundenlange Meditieren im Lotussitz im Zen-Buddhismus. Ziel ist es, sich so auf das Sitzen zu konzentrieren, dass alle Gedanken verschwinden und der Meditierende eine **friedvolle Leere** empfindet. Daneben haben im Zen-Buddhismus Tätigkeiten, die die Achtsamkeit fördern, eine religiöse Dimension. Etwa die Teezeremonie, das Dichten von 17-silbigen Haikus, das Bogenschießen, das Gestalten von Gärten oder die Kalligrafie (Schreibkunst).

Ein Mönch bei der Gestaltung eines Mandalas

Im tantrischen Buddhismus spielen Mantras, Mudras und Mandalas eine große Rolle. **Mantras** (Gebetsformeln) werden nicht nur im

Heiligtümer
Ein typisch buddhistisches Heiligtum sind die halbkugelförmigen Stupas und ihre Weiterentwicklung, die turmförmigen Pagoden. In ihnen werden Reliquien von Buddha oder andere heilige Objekte aufbewahrt. Oft stehen diese Heiligtümer in großen Tempelanlagen, zu denen Hallen mit Buddhastatuen gehören. Meist ist auch ein Kloster angeschlossen, das die Tempelanlage betreut.

Tempelanlage Borobudur

Rahmen der Meditation angestimmt, sondern auch auf Gebetsmühlen oder auf Gebetsfahnen geschrieben. Jedes Drehen der Mühle und Flattern der Fahne soll die heilsame Kraft des Mantras in der Welt verbreiten. **Mandalas** sind runde oder rechteckige, bunte, kleinteilige Bilder, die sich auf eine Mitte konzentrieren. Das Gestalten soll die Konzentration und Achtsamkeit fördern. Neben diesen Meditationstechniken gibt es jedoch auch im Buddhismus traditionelle Rituale wie Wallfahrten zu Heiligtümern und die **Verehrung** von Buddhastatuen und Götterbildern. Das Zeremoniell ähnelt dem der hinduistischen Puja. Buddhistische Feiertage sind regional sehr unterschiedlich und oft aus der Verehrung alter lokaler Gottheiten entstanden. Der wichtigste gemeinsame Feiertag ist das Vesakh-Fest am Vollmondtag des vierten Monats (im Mai oder Juni), bei dem Fasten und eine feierliche Puja zu Buddhas Ehren eine zentrale Rolle spielen.

AUSWIRKUNGEN
Die meditativen Techniken sind im Grunde nicht an die buddhistische Religion gebunden und fanden deshalb auch im Westen **viele Anhänger**. Die Verehrung von Buddhastatuen und Heiligtümern dagegen ist oft ein wichtiger Teil der jeweiligen regionalen Kulturen in den Ländern Ostasiens.

100 Der tibetische Buddhismus

Der Dalai Lama ist wohl der bekannteste Buddhist der Welt. Dadurch erfährt auch der tibetische Buddhismus besondere Aufmerksamkeit.

WER?	Dalai Lama
WANN?	Ab dem 5. Jh., verstärkt ab dem 7. Jh.
WO?	Vor allem Tibet, aber auch Bhutan, Nepal, Teile Indiens, Chinas, der Mongolei und Sibiriens

Dalai Lama

Der tibetische Buddhismus ist eine Form des tantrischen Buddhismus, der aber auch Elemente der Schamanenreligion „Bön" enthält. Er wird manchmal auch als **Lamaismus** bezeichnet, da Lamas (Meister) als geistliche Führer – ähnlich wie die indischen Gurus – eine große Rolle spielen. Von den bedeutendsten Lamas glaubt man, dass sie Tulkus (Austrahlungskörper) sind, die **Reinkarnationen** ihrer verstorbenen Vorgänger, die als Bodhisattvas freiwillig wiedergeboren werden. Nach solchen Reinkarnationen wird schon wenige Jahre nach seinem Tod gesucht, sodass es Kinder sind, die als neue Lamas inthronisiert werden. Insgesamt gibt es über 500 Tulku-Linien. Den höchsten Rang hat der **Dalai Lama**, von 1642 bis 1959 das religiöse und politische Oberhaupt Tibets. Der gegenwärtige Dalai Lama, mit bürgerlichem Namen Tendzin Gyathso (*1935), gilt als 14. Reinkarnation.

AUSWIRKUNGEN

Das abgeschlossene **Tibet** war lange Zeit ein **Feudalsystem**, in dem auch politische und wirtschaftliche Macht in der Hand der Lamas und der Klöster lagen. Im 20. Jahrhundert erfolgte eine langsame Modernisierung. 1950 begann eine Invasion Chinas. 1959 floh der Dalai Lama. Seitdem lebt er mit vielen seiner Anhänger im **indischen Exil** und verschafft von dort aus dem tibetischen Buddhismus große Aufmerksamkeit, während das religiöse Leben in Tibet von der chinesischen Regierung zwar prinzipiell gestattet, aber auch oft unterdrückt wird.

Shintoismus

101

Die wichtigste Religion Japans wird oft als Ahnenkult bezeichnet. Doch das ist zu kurz gegriffen.

WANN?	Im frühen Mittelalter aus prähistorischen Wurzeln
WO?	Vor allem in Japan
WIE VIELE?	Nach offiziellen Statistiken über 100 Mio. Japaner, nach anderen Schätzungen nur wenige Millionen wirklich Gläubige

Der Shintoismus hat seine Wurzeln in animistischen Vorstellungen, nach denen die ganze Natur mit einer **Unzahl von Geistern** (Kami) beseelt ist. Auch die Seelen der Ahnen werden als Kami verehrt. Als es ab dem 5. Jahrhundert zu einer Einigung unter dem Kaiser (Tenno) kam, begann man, die lokalen Riten zu einem staatlichen Zeremoniell zusammenzufassen. Es entstand ein Mythos um das **Götterpaar** Izanagi und Izanami, das die japanischen Inseln und die übrigen Götter erzeugt haben soll, allen voran die Himmelsgöttin Amaterasu, Ahnherrin des Tennos. Sie wird im wichtigsten Heiligtum, dem **Ise-Schrein** verehrt. Auch sonst spielt sich der Shintoismus vor allem rund um die Schreine ab. Die Menschen besuchen sie zu persönlichen und allgemeinen Festtagen und bei besonderen Anliegen und unterziehen sich Schutz- und Reinigungsritualen durch die Priester. Religiöse Reinigungsrituale werden aber auch außerhalb der Schreine durchgeführt. Die meisten Japaner praktizieren den Shintoismus parallel zu anderen Religionen, vor allem dem Buddhismus.

Ise-Schrein in Japan

AUSWIRKUNGEN

Im Zuge der sogenannten Meiji-Restauration wurde ab 1868 ein **Staatsshintoismus** eingeführt, der den Tenno als Gott verehrte und mit **gesteigertem Nationalismus** einherging. Dieser wurde nach dem Zweiten Weltkrieg verboten und ist heute nur noch in Resten vorhanden.

102 Taoismus

Im Westen wird der Taoismus oft als eine Philosophie angesehen. In China ist er jedoch eine Religion mit vielen Gesichtern.

WANN?	Als Philosophie ca. ab dem 4. Jh. v. Chr., als Religion ab 142
WO?	Vor allem in China
WIE VIELE?	Ca. 60 Mio. Menschen

Die Philosphen Laotse und Zhuangzi gelten als Verfasser der beiden Bücher, die den Taoismus begründeten: des *Tao-Te-King* und des *Zhuangzi*. Beides sind sehr komplexe **Textsammlungen**, in die alte Vorstellungen wie das Prinzip von Yin und Yang eingingen. Im Zentrum steht aber das „Tao", was Weg bedeutet, im Taoismus aber viel mehr ist, nämlich das **Prinzip**, nach dem die Welt ihren idealen Gang geht. Die Anhänger des Taoismus versuchen, dieses Prinzip zu erkennen und sich in den Fluss einzufügen. Der philosophische Taoismus strebt ähnlich wie der Buddhismus nach **Erleuchtung**. Im Jahr 142 gründete Zhang Daoling dann die taoistische Religion der Himmelsmeister, in die er Bräuche und Vorstellungen des alten Volksglaubens integrierte. In der Folge wurden immer mehr Gottheiten, Mythen und Volksbräuche mit dem Taoismus verbunden, sodass sehr unterschiedliche Richtungen entstanden. Die am meisten verehrten Gottheiten sind der „**Jadekaiser**" und „**Die Drei Reinen**".

AUSWIRKUNGEN

Während der **chinesischen Kulturrevolution** (1966–76) wurden Anhänger des Taoismus verfolgt. Inzwischen ist er wieder anerkannt und wird teilweise sogar von der Regierung gefördert. Es gibt Versuche, einen **einheitlichen Taoismus** zu schaffen. Andererseits werden unliebsame taoistische Gruppierungen verfolgt. Der Westen dagegen interessierte sich meist nur für Teile des Daoismus, etwa die Schriften oder das Prinzip von **Yin und Yang**.

Yin und Yang

Konfuzianismus

Konfuzius lehrte seine Anhänger vor allem Pflichtbewusstsein. Kein Wunder, dass seine Lehre zur Staatsreligion wurde.

WER?	Kong Fuzi (Meister Kong), im Westen als Konfuzius bekannt (vermutlich 551–479 v. Chr.)
WO?	Vor allem in China
WIE VIELE?	Zw. 6,5 und 13 Mio. Menschen

Nach westlicher Vorstellung ist der Konfuzianismus keine Religion, sondern eher eine **Sittenlehre**. Doch Konfuzius ging davon aus, dass es eine perfekte göttliche Weltordnung gebe, in die sich der Mensch durch ein **einwandfreies Leben** einfügen müsse. Dazu gehörten neben persönlichen **Tugenden** wie Gerechtigkeit, Weisheit und Güte auch **soziale Pflichten** wie die unbedingte Loyalität gegenüber Eltern und Vorgesetzten, die strikte Befolgung herkömmlicher Anstandsregeln und das Praktizieren religiöser Riten. Außerdem legte Konfuzius höchsten Wert auf ständiges Lernen. Ein bestimmtes Gottesbild gibt es nicht, sodass Anhänger des Konfuzianismus oft auch noch andere Religionen wie Taoismus, Buddhismus oder den chinesischen Volksglauben praktizieren.

Statue des Konfuzius

Auswirkungen

Im 2. Jahrhundert wurde Konfuzius' Lehre erstmals zur **Staatsdoktrin** erhoben. Er selbst wurde vergöttlicht und in Tempeln verehrt. Ab der Song-Dynastie (960–1279) entstand dann der Neokonfuzianismus, der in China bis zur Abschaffung des Kaisertums (1911) die prägende Ideologie war. Dabei erwiesen sich vor allem die von Konfuzius geforderten sozialen Pflichten als Bumerang. Denn wenn ein Vorgesetzter oder Familienvorstand weder von persönlichen Tugenden noch von Klugheit geleitet war, gab es für die Untergebenen bzw. die Familie angesichts der absoluten **Loyalitätspflicht** keine Möglichkeit, Fehlentwicklungen zu korrigieren.

104 Jainismus

Zeitgleich mit dem Buddhismus entstand in Indien noch eine zweite Religion, die in vielem ähnlich ist. Aber weit extremer.

WER?	Vardharmana Mahavira (um 559–527 v. Chr.)
WO?	Vor allem in Indien
WIE VIELE?	Zw. 4 und 12 Mio. Menschen

Mahavira, der Gründer des Jainismus, war ein Zeitgenosse Buddhas und der Überlieferung nach ebenfalls ein Prinz, der sich entschloss, Asket zu werden. Nach zwölf Jahren erlebte er seine **persönliche Erleuchtung** und begann zu predigen. Wie Buddha setzte er dem vedischen Kasten- und Priestersystem eine Religion entgegen, in der jeder Gläubige die Befreiung aus dem Kreislauf der Wiedergeburten allein erreichen kann. Dabei griff er ältere **asketische Traditionen** auf, weswegen ihn die Jainas selbst auch nicht als ihren Gründer, sondern als den letzten von 24 Wegbereitern ihrer Religion sehen. Die Jainas sind der Meinung, dass die menschliche Seele von allem Stofflichen gereinigt werden müsse, um eine ewige Erlösung zu erlangen. Dafür ist ihrer Meinung nach strengste Askese nötig. Streng verboten ist nicht nur das Stehlen, sondern auch, Gegenstände zu billig zu kaufen oder andere schlecht zu entlohnen. Außerdem sind Jainas zur absoluten **Gewaltlosigkeit** gegenüber jedem Lebewesen verpflichtet, da sie glauben, dass alle Wesen eine gleichwertige, göttliche Seele besäßen. Das beinhaltet auch, dass anderen kein seelisches Leid angetan werden darf.

Statue des Mahavira

AUSWIRKUNGEN

Wegen seiner strengen Anforderungen war die Anhängerschaft des Jainismus immer vergleichsweise klein, jedoch **hoch angesehen** und mit großem Einfluss auf die indische Kultur, vor allem im Bereich der Literatur, der **vegetarischen Ernährung**, aber auch was das Prinzip der Gewaltlosigkeit angeht.

Sikhismus

105

Diese sind vor allem durch ihre charakteristischen Turbane bekannt. Aber kaum jemand weiß, dass es sich nicht um eine ethnische, sondern eine religiöse Gruppe handelt.

WER?	Guru Nanak Dev (1469–1539)
WO?	Vor allem in Nordindien (Punjab)
WIE VIELE?	Zw. 16 und 20 Mio. Menschen

Der Sikhismus ist eine **monotheistische Religion**, die aus dem Hinduismus hervorging. Seinem Gründer, dem Wanderlehrer **Guru Nanak**, lag besonders die **Gleichheit** und Brüderlichkeit aller Menschen am Herzen, weshalb er mit dem indischen Kastensystem brach. Die Anhänger sind zu einem **tugendhaften Leben** und sozialer Gerechtigkeit aufgerufen. Auch der respektvolle Umgang mit der Schöpfung spielt eine große Rolle. Gelingt dies, dann werde der Mensch – so der Glaube der Sikhs – unabhängig von seiner Religion unmittelbar nach seinem Tode mit Gott vereinigt, während schlechten Menschen vor der **endgültigen Erlösung** eine lange Reihe von Existenzen als Tier bevorstehe. Religiöse Rituale spielen dagegen eine eher untergeordnete Rolle.

AUSWIRKUNGEN

Die Sikhs sind vor allem in der nordindischen Region **Punjab** beheimatet. Unter dem Mogulherrscher Jahangir (1569–1627) wurden sie erstmals verfolgt. Um sich zu verteidigen, rüsteten die Sikhs im Laufe der Zeit so auf, dass sie im Westen teilweise als **Kriegerkaste** angesehen werden, obwohl ihre Religion im Kern Gewalt ablehnt. Nach der Gründung des modernen Indiens (1947) kam es zu Spannungen und teilweise zu Gewalt zwischen der Hindumehrheit und religiösen Minderheiten wie den Sikhs. Seit den 1990er-Jahren beruhigte sich die Lage aber und 2004 wurde mit Manmohan Singh (*1932) erstmals ein Sikh indischer Premier.

Premierminister Manmohan Singh

106 Bahaismus

Der Bahaismus entstand aus dem Islam. Die Anhänger aber legen Wert darauf, als eigenständige Religion wahrgenommen zu werden.

WER?	Mirza Husain-Ali Nuri, genannt Baha'u'llah (1817–92)
WO?	Vor allem Indien, Amerika und in der Südhälfte Afrikas
WIE VIELE?	Ca. 5–8 Mio. Menschen

Im Jahr 1844 forderte im **Iran** der Prediger Bab (1819–50) **religiöse Reformen** und kündigte eine neue göttliche Offenbarung an. Er und viele seiner Anhänger wurden verfolgt und umgebracht. Sein Mitstreiter **Mirza Husain-Ali Nuri**, der aus dem persischen Hochadel stammte, wurde in Teheran eingekerkert, konnte dank ausländischer Intervention aber 1853 ins **Exil** gehen. Dort begann er seine Lehre zu verbreiten und erklärte 1863, er sei der von Bab angekündigte Prophet. Grundsätzlich glauben die Bahai, dass Gott sich immer wieder offenbart. Sie sehen u.a. Abraham, Moses, Jesus, Mohammed, Zarathustra und Buddha als **Manifestationen Gottes** an und glauben, dass noch weitere folgen werden. Die Bahai sind überzeugt, dass alle Religionen denselben Gott anbeten. Deshalb dürfe Religion keinesfalls zu Zwietracht unter den Menschen führen und auch **Vernunft und Wissenschaft** nicht widersprechen. Die Anhänger sind zu einem tugendhaften Leben, Nächstenliebe und sozialem Engagement aufgerufen. Sie sind in Gemeinden organisiert, haben aber keine Priester. Religiöse Rituale finden vor allem im Alltag statt wie das tägliche Beten und das regelmäßige Fasten. Alkohol und andere Suchtmittel, Glücksspiel, Sex außerhalb der Ehe und Homosexualität sind verboten.

Schrein des Bab, Haifa, Israel

AUSWIRKUNGEN

In den islamischen Ländern werden die Bahai nicht als religiöse Minderheit anerkannt und teilweise **diskriminiert**. Vor allem im Iran kam es schon zu **massiven Verfolgungen**.

Spiritismus

107

In vielen alten Religionen waren die Menschen überzeugt, mit den Geistern im Jenseits kommunizieren zu können. Im 19. Jahrhundert wurde diese Vorstellung wieder populär.

WER?	Allan Kardec, eigentlich Hippolyte Léon Denizard Rivail (1804–69) u.a.
WO?	Vor allem Südamerika
WIE VIELE?	Bis zu 15 Mio. Menschen

1848 behaupteten zwei amerikanische Schwestern, mit einem Geist über Klopfgeräusche sprechen zu können. 40 Jahre später gaben sie zu, die Geräusche mit Fußgelenken und Zehen erzeugt zu haben. In der Zwischenzeit lösten sie jedoch einen gewaltigen Boom aus. Überall fanden sich plötzlich **Medien**, die bei Séancen in schummrigen Zimmern mittels Tischrücken, Alphabettafeln oder über Klopfzeichen angeblich mit **Geistern kommunizierten**. Jenseits dieser effekthascherischen „Geisterbeschwörungen" machte sich bei vielen Menschen die Überzeugung breit, dass es tatsächlich möglich sei, mit den Verstorbenen zu kommunizieren. Der wichtigste Denker des Spiritismus war der Lehrer **Allan Kardec**. Er war überzeugt, dass jede menschliche Seele mehrmals **wiedergeboren** werde und dabei immer eine **höhere moralische Stufe** erreiche. Darüber sei sie sich aber nur im geistigen Zustand zwischen den Reinkarnationen bewusst, nicht während ihrer irdischen Leben. Die Kontaktaufnahme mit den Geistern Verstorbener könne deshalb den Lebenden helfen, ihre eigene geistige Entwicklung voranzutreiben.

Gibt es Geister?

Auswirkungen

Der Spiritismus nach Kardec hat heute vor allem in **Brasilien** eine große Zahl von Anhängern. Allerdings verstehen ihn viele nicht als eigene Religion, sondern als einen Glauben, der mit anderen Religionen, vor allem dem Christentum, vereinbar ist. In Nordamerika gibt es jedoch spiritistische Kirchen.

108 Neuheidentum

Als Heiden wurden von den Weltreligionen die Anhänger der älteren Kulte bezeichnet. Doch mittlerweile üben diese auf viele Menschen wieder eine große Faszination aus.

WANN?	Etwa seit dem 18. Jh., verstärkt seit dem späten 20. Jh.
WO?	Vor allem ein Phänomen der westlichen Welt
WIE VIELE?	Mind. 1 Mio. Menschen

Bereits 1717 wurde in London ein Orden **moderner Druiden** gegründet. Später beflügelten erst die **Romantik** und dann der Nationalismus das Interesse an den vorchristlichen Religionen. In fast allen Ländern Europas gibt es heute Gruppen, die versuchen, den eigenen, „völkischen" Glauben wiederzubeleben. Viele Anhänger der Umweltbewegung wurden von den animistischen Elementen und der **Naturverbundenheit** der alten Religionen angezogen. Im Rahmen des **Feminismus** wurden auch die Verehrung der „Großen Mutter" und **Hexenkulte** populär, in denen Hexen zu positiv besetzten Frauengestalten mit besonderen Kräften umgedeutet werden. Dank der britischen **Fantasyliteratur** erfreut sich vor allem die **keltische Mythologie** großer Beliebtheit. Viele „keltische" Riten wurden jedoch von Autoren und Anhängern erfunden, da es kaum gesichertes Wissen gibt. Überhaupt werden im Rahmen des Neuheidentums ganze Kulte erst geschaffen, etwa ein Zelebrieren von Homosexualität mit altminoischen Elementen.

Die Kultstätte Externsteine im Teutoburger Wald

AUSWIRKUNGEN

Die neuheidnische Szene ist **extrem heterogen**. Sie reicht von Einzelkämpfern, die sich Privatreligionen schaffen, bis zur **Hexenreligion Wicca** (gegründet 1954) mit einigen Hunderttausend Anhängern. Extrem rechte oder **satanistische Kulte** stehen neben **pazifistischen Naturverehrern** oder dem eher spielerischen Zelebrieren bunter „Fantasyriten".

SEKTEN

109

Bei Sekten denkt man automatisch an dubiose Praktiken und Gehirnwäsche. Inzwischen ist der Begriff jedoch umstritten.

WANN?	Verstärkt seit den 1970er-Jahren
WO?	„Neue religiöse Bewegungen“ vor allem in den westlichen Industrieländern
KULTE	Bhagwan-Bewegung (auch Neosannyasins), Hare Krishna, Marienkinder, Scientology, Sonnentempler, Universelles Leben, Zeugen Jehovas u.a.

Das Wort Sekte bezeichnet im Grunde genommen nur eine **Abspaltung** von einer bestehenden Religion. So wurde etwa das Christentum anfangs als jüdische Sekte wahrgenommen. Etabliert hat sich der Begriff jedoch in den 1970er-Jahren, als jugendliche Aussteiger sich in großen Scharen indischen Gurus oder anderen unkonventionellen **religiösen Führern** anschlossen. Tatsächlich übten viele dieser Gruppen eine **totalitäre Herrschaft** über ihre Mitglieder aus, unterzogen sie einer **Gehirnwäsche**, beuteten sie finanziell, sexuell oder in Bezug auf ihre Arbeitskraft aus und verhinderten mit Gewalt einen Ausstieg. Oft hielten sich die Führer nicht an die eigene Ideologie und führten auf Kosten ihrer Anhänger ein Luxusleben. Andererseits wurden neu aufkommende religiöse Bewegungen oft generell als „Sekten“ diffamiert und mit solch kriminellen oder gefährlichen Gruppierungen in einen Topf geworfen.

AUSWIRKUNGEN

Das Problem totalitärer Sekten, die **Menschenrechtsverletzungen** begehen, besteht nach wie vor. Inzwischen wird der „Kampfbegriff“ Sekte jedoch kaum noch verwendet. Man spricht allgemein von „neuen religiösen Bewegungen“ und differenziert genauer zwischen gefährlichen und ungefährlichen. Als problematisch gilt derzeit vor allem die Scientology-Bewegung, da sie über besonders viele und einflussreiche Mitglieder verfügt.

Hare-Krishna-Statuette

110 PANTHEISMUS

Pantheismus ist die Überzeugung, dass das Göttliche in allem Weltlichen ist und alles Weltliche göttlich. Vor allem aber ist er hoch umstritten.

BEDEUTUNG	Griech. Pantheismus = Alles-ist-Gott-Glaube
WANN?	Schon bei den Vorsokratikern in der griechischen Antike
ERFINDER DES BEGRIFFS	Der irische Freidenker John Toland (1670–1722), der erklärte, an nichts Ewiges außer das Universum zu glauben

Ob der niederländische Philosoph Benedict (Baruch) **Spinoza** (1632–77) oder der griechische Philosoph **Aristoteles** (384–332 v. Chr.), bei dem Gott nur als „erster unbewegter Beweger" aller kosmischen Prozesse eine Rolle spielte, Pantheisten waren oder nur von ihren Gegnern als solche diffamiert wurden, darüber wird leidenschaftlich gestritten. Auch Menschen, die sich selbst als Pantheisten sehen, haben sehr **unterschiedliche Vorstellungen**. Manche glauben durchaus an einen Gott, sind aber überzeugt, dass er sich in den **Naturgesetzen** offenbart – und nicht durch irrationale Wunder. Andere sehen das menschliche Gewissen als das Göttliche, das jeder Mensch in sich trägt. Wieder andere gehen von einer **göttlichen Weltseele**, ähnlich dem indischen Brahman, aus. Oder sie sind überzeugt, dass es keinen Gott gibt, aber z.B. eine unsterbliche Seele oder überirdische Gesetzmäßigkeiten.

Gott offenbart sich in der Natur.

AUSWIRKUNGEN

Angesichts seiner **Vielfalt** ist sogar umstritten, ob es wirklich den einen Pantheismus gibt. Viele Menschen sehen sich aber selbst durchaus als Pantheisten. Meist vertreten sie **philosophische Positionen**, die versuchen, angesichts der naturwissenschaftlichen Erkenntnisse und jenseits alter, nicht damit vereinbarer Götterbilder noch einen Platz für das Göttliche zu finden.

ATHEISMUS UND AGNOSTIZISMUS

111

Gibt es überhaupt einen Gott? Immer mehr Menschen verneinen diese Frage oder tun sie als uninteressant ab.

ATHEISMUS	Überzeugung, dass es keinen Gott gibt
AGNOSTIZISMUS	Überzeugung, dass übersinnliche Dinge für den Menschen nicht erkennbar sind
WIE VIELE?	Ca. 0,8–1,1 Mrd. Menschen

Atheisten sind sich sicher, dass es **keinen Gott** gibt. Strenge Atheisten glauben an überhaupt nichts Göttliches, an keine übernatürlichen Realitäten und keine unsterbliche Seele. Weniger strenge können sich eine **transzendente Wirklichkeit vorstellen**, aber keinen personalen Gott, der Anforderungen an die Menschen stellt. Agnostiker dagegen lassen die Frage nach dem Jenseitigen offen. Teilweise sind sie einfach nicht daran interessiert, sich mit dem Phänomen des Göttlichen zu befassen. Ernsthaftere Agnostiker argumentieren, dass die Existenz oder Nichtexistenz eines Gottes nicht beweisbar ist, und die Frage nach Gott deshalb **keinen Einfluss** auf das Leben hat.

Thomas Henry Huxley, Hauptvertreter des Agnostizismus

AUSWIRKUNGEN

Die Zahl der Nichtgläubigen ist im Wachsen. Allerdings ist es fast nur in den **westlichen Industrieländern** möglich, sich dazu zu bekennen. Aber weder Atheisten noch Agnostiker sind eine weltanschaulich einheitliche Gruppe. Viele sind überzeugt, dass ein **ethisches Leben** auch geboten ist, wenn kein Gott es befiehlt und im Jenseits belohnt. Andere dagegen ziehen die Folgerung – da es nur dieses eine Leben gibt –, es so gut wie möglich auskosten zu müssen. Wieder andere schieben die Frage nach Gott beiseite. Auch innerhalb von Religionsgemeinschaften gibt es wohl nicht wenige „versteckte Agnostiker", die zwar die Gebote ihrer Religion befolgen, sich aber nicht wirklich damit auseinandersetzen, ob und wie sie an Gott glauben.

Register

Bildnachweis

dpa Picture-Alliance Alliance, Frankfurt: 23, 34, 35, 68, 72, 74, 77, 82, 83, 101, 102, 114, 115, 119, 125

fotolia.de: MIR 5; pdesign 6; Gudellaphoto 7; Vlad Mereuta 8; Ancello 9; corellio 11; Andy Dean 13; CPO 15; James Steidl 16; Michaela Pschorr 18, 31; nextrecord 19; Noam 20, 22; VIPDesign 28; Peter Zurek 29, 33; Anyka 30; Hartmut Lerch 32; paul prescott 37; kryczka_d 38, 40; Art Photo Picture 39; Johannes Lüthi 42, Marco Desscouleurs 45; jurand 57; michellepix 58; mlphoto 59; Tomy 60; fotosergio 61; Victor Soares 62; AHMAD FAIZAL YAHYA 63; Bizroug 66; toufikbobo 69; moonrun 70; nuryudijes 71; Franz Pfluegl 75; danielschoenen 76; Murat Subatli 79; Martina 89; Kylie Smith 90; marlies plank 92; Nimbus 93; EastWest Imaging 94; William Burnett 96; Galyna Andrushko 97; Eva Gruendemann 98; Johnny Lye 99; Rangzen 103; Digitalpress 104, 110, 111; Photosani 105, 121; Mahesh Patil 106; Taboga 108; photochris 109; Michael Levy 112; christopher waters 113; Spooky2006 116; Sandeep Maheshwari 118; sharon hitman 120; Reinhard Schäfer 122; kshishtof 123; Marcin Osadzin 124

Gruppo Editoriale Fabbri, Mailand: 21, 44, 49, 78, 88

Lidman Production, Stockholm: 10, 12, 17, 24, 25, 26, 36, 41, 43, 46, 47, 48, 50, 52, 54, 55, 56, 64, 65, 73, 84, 85, 86, 87, 91, 95

Pixelio.de: 27, 107, 117